어느 젊은 시인의 야구 관람기

이제 다 야구 때문이다

어느 젊은 시인의 야구 관람기

서효인 지음

다산책방

차례

Prologue 플레이 볼

Part I
1/3 Inning

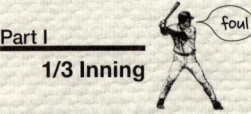

- 12   옐로 라디오 스타디움
- 20   플라이 볼, 할아버지
- 29   세상 앞에 당신은 혼자가 아니므로 _벤치클리어링(bench-clearing brawl)
- 33   꿈꾸는 아이들의 네 멋대로 야구
- 46   시범경기의 아버지들
- 54   그렇게 쉽게 죽지 않아 _파울(foul)
- 59   레이더스, 사람의 얼굴, 그리고 오답
- 69   어느 마지막 게임
- 76   모두가 당신만 바라보았던 어느 날 _퍼펙트게임(perfect game)
- 82   금메달을 닮은 맥주

Part II
2/3 Inning

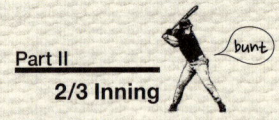

- 93   야구장의 제5원소를 찾아서
- 108   애비도 모르고 베이스도 모르고 _본헤드(bonehead)
- 113   그 남자 그 여자의 가을
- 124   드래프트 되는 청춘들 _For the underdog
- 135   기다림의 끝에 도사리고 있는 불안감 _불펜(bullpen)

141 야구 분노 1 안부 대응법
149 야구 분노 2 분노 조절법
158 여기, 부드러운 한 남자가 있다 번트(bunt)
163 야구장에서의 시낭송
175 미스터 징크스 1
184 미스터 징크스 2 예매는 어려워
191 사이보그라면 안 괜찮아 심판(Referee)

Part III
3/3 Inning

199 그녀의 베이스를 훔쳐 야구장에서의 연애 코치
213 스윙하라, 루저를 위하여
222 나의 빛나는 더러움 런다운(run down)
228 떨지 마, 죽지 마, 사람이니까
236 이별에 대처하는 우리의 자세 가을(October)
240 가정의 평화 1 K형의 신혼일기
246 가정의 평화 2 Y형님의 편지
254 코치는 주꾸미를 팔고 있는 게 아니다 사인(Sign)
259 시인들, 야구장 가다
265 그날들, 그즈음

Epilogue '나'라는 팀의 인터뷰

플레이 볼 _프롤로그

지금부터 나는 야구 이야기를 하려 한다. 야구 이야기를 늘어놓기가 사실 두려웠다. 야구 잘 아는 사람은 참으로 많기 때문이다. 사랑하는 사람에 대해 내가 알고 있는 모든 것을 발설하려는데, 상대편 남자가 이미 더 많이 알고 있는 것 같은 찜찜한 느낌이랄까.

야구를 사랑하는 사람은 곳곳에 있다. 내가 모르는 야구의 내밀함을 아는 사람은 훨씬 더 잘 알고 있을 것이다. 하지만 이야기는 시작되었고, 당신들은 읽을 것이다. 욕을 하며, 혹은 공감하며. 한 가지 확실한 건, 내가 말하는 야구는 당신들이 이미 알고 있는 야구에 비하면 아무것도 아니라는 사실이다.

내가 태어난 이듬해 프로야구는 시작되었고, 우리는 야구처럼 커왔다. 촌스러웠고, 즐거웠다. 혹독하고 뻔뻔했으며, 지금은 시끄럽다. 시끄러운 세상의 구석에 선 채로 야구를 본다. 야구를 보고 즐거워하고 화내면서 옆에 서 있는 사람의 얼굴을 본다. 당신이다. 힘든 표정을 짓고 있다. 그 표정, 예쁘다. 멋지다.

예쁘고 멋진 당신과 이야기를 나누게 돼서 다행이다. 당신이어서 영광이다. 오늘 나는 밤을 샐 작정이다. 쉬지 않고 야구 이야기를 하면서 지구 밑으로 가라앉은 태양이 다시 머리 위로 떠오르기를 기다릴 것이다. 오늘의 야구와 내일의 야구에 관하여 그리고 당신의 야구와 나의 야구에 관하여. 그러니 당신, 나와의 수다는 어떤가. 태양까지 홈런을 날리잔 말이다.

해가 높이 떠 있을 때만 활약하는 투수가 있다. 그는 배팅 볼 투수다. 경기가 시작하기 전, 그는 자기 팀 타자의 컨디션을 높이기 위해 적당한 위치와 알맞은 속도로 공을 던진다. 그의 손에서 놓인 공이 진행 방향을 급하게 틀어 경기장 바깥으로 뻗어나갈 때, 투수는 안도감을 느낄 것이다. 그는 맞으면서 그의 일을 제대로 하고 있다. 나도 내 일을 제대로 하고 싶다.

당신이 역전만루홈런을 쳤으면 하는 마음으로 글을 썼다. 우리는 날마다 긴장으로 굳어버린 몸을 이끌고 삶의 그라운드를 구른다. 지금 이 글이 당신에게, 중요한 타석에 들어서기 전에 받는 훌륭한 격려와 위로가 되었으면 좋겠다. 당신이 충분히 몸을 풀었으면 좋겠다. 긴장하지 않았으면 좋겠다. 적어도 나는, 글을 쓰면서 스스로를 위로했고 격려했

다. 그것이 내가 할 수 있는 최선이었다.

'지금'과 '이곳'이라는 환경에서 우리 대부분은 2군이거나 후보인 것 같다. 하지만 우리에게 모든 순간은 빛나는 기회라 믿는다. 빛나는 순간을 기다리며 당신과 수다를 떤다. 당신의 목소리를 상상하며 모니터의 깜박이는 커서를 이리저리 움직인다. 마치 소설을 쓰듯이, 있을 법한 거짓말도 조금은 가미했음을 미리 밝혀둔다.

이것은 야구 이야기가 아니다.
나에 대한 기록이고 우리에 대한 기록이며
응원과 격려다. 준비되었는가.
플레이 볼, 지금부터 시작이다.

Part I

1/3 Inning

경기가 시작된다. 책이 시작된다.
시가 시작된다. 삶이 시작된다.
시작은 되는 것이 아니야.
하는 것이지.

나의 경우, 경기는 잠에서 깨는 순간부터 시작된다.
- 레지 잭슨(외야수, 오클랜드 애슬레틱스, 뉴욕 양키즈, 캘리포니아 에인절스)

옐로 라디오 스타디움

라디오는 상상의 매체이다. 사람의 목소리, 음악의 선율, 광고의 명랑함이 그 속에 있다. 그중 으뜸은 스포츠 중계다. 으뜸 중의 으뜸은 단연 야구중계다. 유달리 '멈춤'이 많은 종목인 야구, 라디오의 목소리는 듣는 이의 상상력을 무한으로 증폭시킨다.

라디오 야구중계를 들을 때 우리는 캐스터의 빠른 입담을 귀담아 들을 필요가 있다. 동시에 투수의 와인드업[1], 타구의 움직임, 수비수의 동작을 머리에 그리고 지우고 다시 그려야 하는 것이다.

'홈런이냐, 파울이냐, 홈런이냐, 파울이냐, 우익수 뒤로, 뒤로, 뒤로.'

이런 박진감 넘치는 상상이 라디오 중계에 있다. 듣는 귀의 영감과 뇌하수체의 운동량이 풍부하다면, 라디오로 듣는 야구경기는 어떤 경기라도 세계 최고의 명승부가 될 것이 분명하다.

그날 경기가 그랬다.

학교에 들어가기 전, 어린 나에게 외가 마당은 무진장 넓기만 했다. 외가는 섬에 있었다. 세발낙지가 유명한 도시. 가수 남진, 문학평론가 김현의 고향이기도 한 지방의 소도시. 사람들은 그곳을 목포라고 불렀다. 그

1. 와인드업
투수가 공을 던지기 전에 팔을 돌리거나 양손을 머리 위로 던지는 동작을 말한다. 투수판에서 발을 떼는지, 와인드업 후에 잔동작이 있는지 등의 여부에 따라서 보크가 선언되기도 한다. 투수의 동작에 따라 타자의 타이밍이 엇나가거나 주자가 견제에 걸릴 수 있기 때문이다. 지능적으로 폼을 다채롭게 하는 경우를 '이중투구'라고 한다. 물론, 대부분의 투수는 깔끔한 폼으로 지저분한 공을 던지기 위해 최선의 노력을 다한다.

곳에 '북항'이라 불리는 작은 항구가 있다. 작은 항구에서 마을버스 타듯 잠시 잠깐 배에 오르면, 얼마 지나지 않아 섬의 앞머리가 보인다.

그것은 바람에 흩날리는 엄마의 앞머리 같았다.

선착장에서 외가까지 엄마에게 안겨 타고 가는 버스는 좋았다. 바람처럼 좋았다. 멀미도 하지 않고 끊임없이 쫑알거리며 도착한 외가는 넓었다. 마루에 뛰어올라 멋대로 까불어도 좋았다. 넓어서 좋았다. 대청마루 기둥에는 낡은 라디오가 꽁꽁 묶인 채 매달려 있었다. 외가에선 다섯 딸과 두 아들이 나고 자랐고, 그들 대부분은 뭍으로 가고 그 자리에 없었다. 외가에 나를 맡긴 엄마는 다시 불어올 바람처럼 떠나서는 생각보다 오래, 오지 않았다.

엄마는 언제 와요? 외할머니는 내일이라고 했다. 내일은 언제 와요? 외할머니는 내일은 내일을 열 밤을 자야 온다고 했다. 열 밤을 세기 전에 내일은 오늘로 변해 있었고, 나는 다시 열 밤을 세어야만 했다. 막내 외삼촌이 나의 말을 끊었다. 열 밤 지나면 바로 알려준다고 해놓고 다시 열 밤이라고 한 것도 삼촌이었다.

그런 사정으로 어린 나에게 열 밤이란 영원과 똑같은 말이었다. 손가락이 다섯 개씩이 아니라 세 개씩이라면 여섯 밤일 텐데! 아이는 날이 지날수록 자신이 무중력 공간을 헤매는 캡슐 속에 갇힌 것 같다. 만화에서 그런 비슷한 장면을 본 것만 같다. 그래서 불안해졌다. 아이는 불안하면 운다. 크게 운다. 그 불안의 시꺼먼 색을 드러내기 위해서 운다.

외가 어른들은 아이가 우는 이유를 잘 안다는 듯이 심드렁한 반응이었다. 아이는 그럴수록 더 크게 울기도 하고 그러다 지쳐서 훌쩍거리기도 하였다. 하지만 아이의 설움만으로 가득 채우기엔 외가 마당은 너무나 넓었다. 넓어서 무서웠다. 그래서 바지도 입지 않은 채 울면서 섬의 구불구불한 길을 돌아다니기도 했다. 그런 나를 찾기 위해 한바탕 홍역을 치른 후, 꼬막을 캐러 나가면서, 혹은 배 농사를 지으러 나가면서 어른들은 나를 기둥에 묶어두었다. 아마도 막내 삼촌이 읍내에 나가 집을 비우면서부터 그랬을 것이다.

나는 라디오와 함께 묶인 채 텅 빈 요강을 오랫동안 쳐다보았다. 요강이 놓인 곳이 줄에 묶인 아이가 갈 수 있는 최장거리였다. 요강은 일본의 최첨단 돔구장을 닮았다. 우는 것처럼 오줌을 누고 다시 벌렁 누워 아무런 상상을 했다. 그림이 잔뜩 그려진 얇은 책을 들고 오는 엄마

의 발소리 같은 거. 바람에 휘날리는 엄마의 앞머리 같은 거. 엄마의 브래지어 끈 같은 거. 그러면 조금 있다가, 눈물이 쏟아졌다.

엄마 없이 불어오는 섬의 더운 바람 때문이었을 것이다.

그때 라디오에서는 싱글벙글 쇼가 흘러나오고 있었다. 산신령이었다가, 정치인이었다가, 꼬마였다가, 다시 산신령이 되는 변화무쌍한 두 목소리. 나는 마루에 걸터앉아 하염없이 노래를 불렀다. 엄마야 나는 왜⋯⋯ 나의 불타는 마음을⋯⋯ 조용필이나 전영록이었을 것이다. 상상은 상상을 낳고, 그럴수록 어린 나는 라디오에 집착했다. 이제는 나를 묶지 않아도 된다고 점잖게 삼촌을 타일렀다. 하지만 삼촌은 매일같이 읍내에 나갔다.

어느 날 삼촌은 싱글벙글 쇼가 끝날 즈음에 집에 돌아왔다. 대낮에 들어오다니 이상한 일이었다. 삼촌은 주파수를 새로 맞췄다. 그 주파수에서는 누구보다 말이 많고, 말이 빠르고, 말하면서 웃지도 않고, 진지하지만 쉽게 흥분하는 두 남자의 목소리가 들렸다. 그들은 다른 수많은 남자들의 함성을 주위에 두른 채 서울말로 떠들고 있었다. 야구중계였다. 나는 울었다. 어딘가 불안한 목소리라는 생각 때문이었다.

2. 박철순

그는 한국인 최초로 미국 프로야구에서 선수생활을 했다. 더블A에서 활약하던 그는 새로 출범하는 한국 프로야구로 돌아와 슈퍼스타가 된다. 그가 태평양 건너에서 배워온 너클볼은 당시 우리 리그에서 '마구'로 통했다. 그의 활약으로 베어스는 그해 프로야구 초대 챔피언이 되었다. 박철순은 22연승을 달렸다. 그의 활약은 다량의 진통제를 통해서 허리를 진정시키고야 가능했다. 그해 이후, 박철순은 끊임없는 부상과 고투를 벌여야 했다.

하지만 곧 그쳤다. 야구중계가 강석, 김혜영 두 사람의 차진 목소리보다 더 강하게 상상력을 자극했기 때문이다. 야구팬 여러분 안녕하십니까. 오비와 해태, 해태와 오비의 경기가 벌어지고 있는 잠실야구장입니다.

삼촌이 꿀꺽, 침을 삼키는 소리가 유달리 크게 들렸다. 캐스터의 목소리가 빨라지면 사각 논두렁을 빠르게 달리는 경운기가 보였다. 캐스터가 여유 있게 말하면 만조의 서해바다가 떠올랐다. 캐스터가 전하는 말씀을 듣고 오겠다고 하였다. 투수교체를 하고 있었을 것이다. 삼촌. 왜. 야구장은 어떻게 생겼어? 삼촌은 요강을 손으로 가리키며 저렇게 생겼다고 했다. 응? 진짜? 조용히 좀 해 인마. 응. 근데 삼촌. 또 뭐. 야구장 가봤어? 삼촌은 더 이상 대답하지 않았다.

요강 뚜껑은 꾹 닫혀 있고, 삼촌과 나는 마루에 걸터앉아 함께 야구를 들었다. 그때 삼촌이 응원하는 팀은 거의 지지 않았다. 지금 해태는 박철순[2] 이 돌아와도 막기 힘들지. 삼촌은 으쓱대면서 말했다. 그러면서 캐스터가 안타! 하면 와아! 소리치고, 캐스터가 홈런! 하면 그렇지! 펄쩍 뛰었다. 게으르다고 외할머니께 만날 혼나던 평소 삼촌이 아니었다. 이토록 부지런할 수 있다니. 야구중계는 쉬는 시간이 참으로 많았다. 엄마 보고 싶냐? 응. 짜식, 사나이가. 사나이? 사나이는 엄마 안 보고 싶은 건가? 나도 몰라. 네 엄마한테 물어봐라. 응.

어, 뭐야! 언제 역전됐어? 삼촌은 나랑 놀아주다 경기를 놓쳤다면서 화를 냈다. 도대체 나랑 언제 놀아줬다고. 상대방이 점수를 낸 건 당연히 내 잘못이 아니었다. 그리고 그건 삼촌이 뒷마당에 나가 담배를 피우는 사이에 그렇게 된 건데. 담배 피운다고 할머니께 일러버릴까보다.

나는 상상을 하느라 삼촌에게 점수 뺏기는 걸 알릴 시간이 없었을 뿐이다. 중계하는 남자의 말하는 속도가 빨라졌다. 주자들이 빠르게 홈으로 달려오는 모양이었다. 바보야, 주자는 원래 다 빨리 달려야 하는 거야. 그래? 삼촌과 나는 동시에 침을 꼴깍꼴깍 삼켰다. 삼촌, 뭐! 지금 야구 어디서 하는 거야? 서울, 서울은 완전 커. 삼촌은 서울 가봤어? 삼촌은 역시나 대답하지 않았다.

삼촌의 말에 따르면 경기는 흥미진진, 점입가경이었다. 무슨 말인지 알게 뭐람. 9회 초, 경기는 재역전이 되었다. 캐스터의 흥분에 삼촌은 고래고래 소리를 지르며 손뼉을 치고 나를 껴안기도 했다. 9회 말만 막

3. 송유석

타이거즈, LG 트윈스, 한화 이글스에서 투수로 활동한 프로야구 선수다. 고등학교 입학 전까지 투창선수로 활동한 이력이 있다. 해태에 연습생으로 입단한 그는 배팅볼 투수와 패전처리를 거쳐, 90년대 투수왕국 해태의 한 축을 당당히 차지한다. '마당쇠'라 불린 그의 공은 투창처럼 강력하던 때도 있었다. 선수 시절, 전성기에나 황혼기에나 한결같이 그의 투구 폼은 정석과는 꽤 거리가 있었다. 아무렴, 뭐 어떤가. 그는 훌륭한 투수였다.

으면 우리가 이기는 거야. 우리? 우리라는 말은 듣기에 좋았다. 우리 엄마는 언제 오나. 그런 말은 하지 않는 게 좋겠다. 또 열 밤 자야 한다고 말하겠지. 열 밤이 거짓말이 꽉 들어찬 밤의 연속이란 건 처음 물어볼 때부터 알고 있었다. 바보들.

삼촌은 내가 엄마를 기다리듯 경기의 끝을 기다렸다. 누가 그러는데, 끝날 때까지 끝난 게 아니라더라. 응? 아무것도 아니야. 크면 알아. 응. 투수가 송유석[3]이구나. 나 진짜 팬인데. 삼촌은 기분이 좋은지 마루 위에서 송유석이라는 투수의 폼을 흉내 내기 시작했다. 저 선수 폼이 얼마나 웃기는 줄 아냐? 몰라, 근데 지금 삼촌, 엄청 웃겨.

올림픽에서 보았던 우락부락한 중동의 창던지기 선수가 떠올랐다. 그 비슷한 포즈로 삼촌은 몸을 움직여댔다. 그러다 뒤를 보지 못하고 도쿄돔처럼 생긴 요강을 넘어뜨리고 말았다. 무너진 돔구장에서 관중이 쏟아지고 있었다. 노란 유니폼을 입은 채로. 야! 여기다 요강을 두면 어떻게 하냐! 놀란 삼촌이 주자들보다 빠르게 대청 아래로 몸을 피했다. 거기에 요강을 둔 건 삼촌이었지만, 나도 엉겁결에 놀라서 맨발로 마당에 내려갔다. 오줌이 대청마루 틈 사이로 뚝뚝 떨어지고 있었다.

너랑 놀아주다 이런 거야. 삼촌과 놀아준 건 언제나 나였는데!

그때 내 이름을 부드럽게 부르는 소리가 들리고, 삼촌의 이름을 날카롭게 부르는 소리가 뒤이어 들렸다. 삼촌과 나는 대문을 돌아보며 동시에 대답하는 것이다. 엄마……. 엉망으로 변한 마루를 보며 할머니는 삼촌의 등을 찰싹, 때렸고, 나는 엄마에게 안겨 울었다. 야구 경기가 끝이 났다. 투구 폼이 우스운 그 투수는 아마도, 안타를 맞지 않았을 것이라고 상상했다. 그랬을 것이다. 엄마한테 다 일러바쳐야지. 역시나 그랬을 것이다.

라디오 중계의 야구장은 뒤엎은 요강보다 요란하고 즐거운 세계였다. 실제로 야구장에 갔을 때, 상상했던 것보다 더 크고, 무엇보다 동그랗지 않아서 놀랐다. 삼촌은 더 놀랐겠지만.

그 후로 지금까지, 나의 야구장에는 늘 흥미진진하고 점입가경인 목소리가 가득하다. 다시 담을 수 없는 매력이 철철 넘치는 세계, 그것이 야구라고,

외야에서부터 불어오는 바람이 말한다.

플라이 볼, 할아버지

처음 야구장 간 날을 기억한다. 빨간 조끼를 입은 응원단장 아저씨가 호루라기를 불면서 화려한 몸동작을 보여주었다. 유치원에서 율동을 배우듯 따라했다. 왼손을 들고 오른손을 들며 번갈아가면서 움직이는 작은 신체를 어머니는 껴안고 있었다. 할머니는 자꾸만 먹을 걸 권했다. 이것도 먹어라, 저것도 먹어라.

할아버지와 아버지는 야구에 집중했던 것 같다. 처음 본 수많은 사람들에 나와 할머니는 적잖이 놀랐다. 할머니는 사람 구경이 재밌다고 말했다. 그러고는 곧 지치셨다. 할아버지와 할머니와 그리고 아버지와 어머니가 함께했던 처음이자 마지막 야구장.

이런 말 꽤 들었다.
"왜 그 팀을 응원하세요? 갈아타세요!"
이런 말도 가끔 들었다.
"그 팀 좋아했는데, 프런트[1] 하는 짓 보고 맘 상해서 다른 팀으로 바꿨어."
혹은, "요즘 성적도 개판이고, 다른 팀 응원할래."

1. 프런트

야구단은 '선수단'과 '프런트'로 구분된다. 프런트는 구단의 코치와 선수들이 경기를 잘 할 수 있도록 뒤를 보조하는 역할을 맡는다. 행정적 업무는 물론, 홍보·마케팅까지 프런트의 몫이다. 거기에 부상선수 관리, 장기적인 팀 구성까지 프런트와 선수단의 상호협력은 절대적이다. 때로 프런트의 월권이나 무능이 팬들의 도마에 자주 오르기도 한다. 팬의 입장에서는 날마다 얼굴을 보고, 정이 든 선수나 감독보다 프런트를 비난하는 편이 더 쉬울 것이다.

최근에는 이런 이야기도 들린다.

"어느 팀에 멋있고 잘생긴 선수가 많아서 말이야."

응원하는 팀이 있으면 야구를 더 재밌게 볼 수 있다. 그리고 그 팀을 정하는 건 개인의 자유다. 아주 자연스럽고 좋은 일이기도 하다. 반면에 세상에 나오면서부터 좋아해야 할 '나의 팀'을 하사받은 이른바 모태 야구팬도 있다. 고향을 공유하는 친구 대부분이 그렇고, 특히 내가 그렇다.

할아버지는 글을 읽지 못했다. 문맹이었고 노동자였다. 전봇대 세우는 일을 했던 것으로 기억한다. 로프에 몸을 매달고서 전봇대 위로 경중경중 올라갔다. 공구를 허리에 매달고, 고개를 꺾어도 잘 보이지 않는 허공에서 닦고 조였다. 그것은 쇳덩어리였고, 흐르는 전기였으며 그냥 하늘이기도 했다.

그러니까 할아버지는 하늘에 매달려 있는 사람이었다.

가끔 야구중계를 볼 때면, 한글도 못 읽는 당신께서는 영어를 외쳤다. 물론 그것은 온전한 영어가 아니었고, 할머니가 하는 일본어와 비슷했다. 가세(가위), 스메끼리(손톱깎이), 고푸(컵)…… 그것이 일본어인가? 내가 보기엔 그냥 할머니의 입말이다.

"저것이 어째 뽈이냐? 스뜨라익이지!"

"빠따를 야무지게 쑤웡해야지. 뽈레이에 빠워가 한나도 없어서 어디 쓰겠냐!"

야구를 좋아할 만큼 내 키가 크지 않았을 때는, 누워 있는 할아버지의 둥그런 배를 몇 번이나 올라타고 내려오면서 놀았다. 할아버지는 왜 이렇게 배가 나왔어. 원래 양반은 배가 나오는 법이다.

턱없는 거짓말이었다. 양반이라니. 짐작컨대 우리 집안은 혹세무민의 시대에 가련한 민초였을 것이다. 다락에 먼지를 뒤집어쓴 채 방치된 '족보'라고 불리는 두꺼운 책은 매관매직이 성행하던 시대에 급하게 한 권 뽑아낸 흔적이 역력하다. 이것은 자학이 아니다. 자긍이다. 그 편이 더 도덕적이기 때문이다. 수탈하지 않고 '수탈당함'을 견뎌온 서민. 할아버지의 성품은 딱 그것이었다.

몸으로 돈을 벌었고, 곧 그것을 탕진해버린 삶이란 당대 서민의 모습

2. 라이트
대부분 노후화가 심각하게 전개되고 있는 우리나라 야구장에서 라이트란 중요한 게임에 놀라운 방식으로 관여를 한다. 잘못된 설계로 인해 라이트 불빛이 선수들의 눈으로 들어가는 경우가 생기는 것이다. 한낮이라면 절대 놓치지 않을 평범한 땅볼이 눈앞에서 하얗게 사라지는 순간의 아찔함. 언제까지 경기의 일부로 봐야 하는가. 게임 외의 변수는 없으면 없을수록 좋다. 눈부신 건 질색이란 말이다!

그대로였다. 너무나 닮은 그런 구석이 할머니는 늘 서운하였다. 할아버지가 돌아가신 후부터 할머니는 나를 붙잡고 할아버지와 아버지의 흉을 보는 데 많은 시간을 할애했다.

겨우 모은 돈으로 번듯하게 사놓은 집을 허망하게 팔아버린 할아버지(노름이나 여자 때문이었을 것이다). 겨우 모은 돈으로 대학 간다며 서울로 가더니 대학은커녕 빈손으로 돌아와 집에서 뒹굴던 아들(친구나 유흥 때문이었을 것이다). 한바탕 이야기가 끝나면 할머니는 그 둘을 꼭 닮은 나에게 밥을 차려주거나, 주전부리를 주었다. 할머니의 주된 대사는 항시 비슷하다. 밥 먹었냐. 밥 먹어라, 꼭 밥은 먹어라.

평소 아무도 없는 평상에 누워 할아버지가 돌아오길 기다리며 밤과 낮의 경계에 대해 생각해보았다. 낮이라 부르고 밤이라 일컫는 그것들 사이를 나누는 어떤 선이 하늘을 가르고 있을 것이라 생각했다. 하지만, 아무리 봐도 어디에도 그런 건 없었다.

야간경기, 라이트[2]가 켜진 야구장에 바로 그 경계가 있었다. 나는 그때부터 야구장이란 곳에 빠져버렸다. 고개를 들면 밤이 있고 그 아래 땅에는 한낮이 있었다. 밝은 불빛 아래서 선수들은 세상 가장 거만한 자세로 서 있다가, 어느 순간 재빠르게 뛰었다. 동시에 뛰다가, 동시에 멈춘다. 그것이 공의 움직임에 따른 정갈하고 치밀한 발놀림임을 안 것은 많은 시간이 지난 후였다.

당신이 어떤 색시를 숨겨두고 할머니 속을 썩였든, 무지한 나머지 벌어놓은 돈을 친구에게 속아 바쳤든 상관없이, 할아버지는 내게 최고의 할아버지다. 아주 어릴 땐 당신의 몸에서 떨어져본 적이 없다. 늘 그 몸에 대롱대롱 매달려 있었다. 할아버지가 하늘에 매달려 있었던 것처럼.

이겼는지 졌는지는 전혀 기억나지 않는다. 어쩌면 중간에 잠들었는지도 모르겠다. 할머니는 나오는 쓰레기를 준비한 봉지에 주섬주섬 담았다. 할아버지였나, 아버지였나. 야구장에서 쓰레기는 그냥 바닥에 두고 나오는 것이라 했다. 주위를 둘러보았다. 모든 사람들의 발아래가 쓰레기 천지였다. 그런 날도 있었다. 어쩌면 지금도 여전할지도.

그리고 경기가 끝났다. 경기장 밖으로 빠져나가려는 인파 속에서, 사람 구경해서 좋다는 할머니의 말은 바로 겸연쩍어졌다. 동생이 울어 댔기 때문이다. 덩달아 나도 울었던가? 나는 울지 않은 걸로 치자. 오빠니까.

울었다. 울었을 것이다. 누구나 마찬가지일 게 분명한 자질구레한 가정사의 비극 때문에 운 것은 아니었다. 그런 건 TV프로그램에 나와 영상편지 쓰는 연예인이나 주라지.

나는 그날 야구를 처음으로 만났고, 내가 사랑할 팀의 선수들이 달리는 모습을 보았다. 처진 어깨의 고향 사람들은 야구장에 가서 어깨 펴고 돌아왔다. 다음날 아침에는 분명히 다시 처지게 마련이었지만 그래도 그게 어딘가.

이러저러한 이유로 나는 내가 사랑하는 팀을 버릴 수가 없는 것이다. 그리고 이런 경향은 대부분의 야구팬이 공유한다. 지역을 막론하고 그들에게는 각자의 추억이 있고, 그것은 상하경중 없이 모두 소중하다. 야구장은 그런 추억이 뒤섞이는 공간이다. 상대방의 추억과 우리의 추억이 스며든 두 가지 색 유니폼이 한판 대결을 펼치는 곳. 그런 대결에서 예의는 필수다.

할아버지는 예의 있는 사람으로 알려져 있다. 당신을 추억하는 모든 친척이 그렇게 말한다. 당신은 염치와 양심으로 세상을 살았다(할머니에게는 아닌 것 같았지만). 그것이 내가 본 당신의 전부다. 다행이다.

　당신이 세상을 떠나기 이태 전이었다. 아버지와 어머니가 끝내 외면하며 사주지 않은 그것을 당신을 통해 골라 갖게 되었다. 글러브였다. 동네에 있는 스포츠용품점에서 아마도 싸구려였을 그 글러브를 고르고 나는 무척 신나했다. 혼자서 밖에 나가, 더 젊을 적 당신이 매달려 있었던 하늘에 공을 던지고 받았다. 하늘은 던진 공을 어김없이 내게로 돌려주었다.

　나는 당신에게 무언가를 돌려줄 시간이 턱없이 부족했다.

　그곳에서도 당신은 전봇대에 몸을 의지한 채 하늘에 매달려 계신가. 나는 하늘처럼 말간 컴퓨터 화면에 시선을 기댄 채 키보드에 매달려 있다. 손 닿는 곳 어디에도 잡힐 듯한 뭔가가 없다는 건 서로 비슷할지도 모른다. 꼭 당신 때문은 아니지만 시를 쓰고 나면 반드시 소리 내어 읽어본다. 시를 퇴고하는 오래된 방법이기도 하다. 혹은 당신이 들을지도 모르니까. 글을 읽지 못했던 나의 할아버지.

마찬가지로 글 못 읽는 내 오랜 친구, 할머니가 오래 건강하게 사셨으면 좋겠다. 응원하는 야구팀의 우승 따위와는 비교할 수 없는 간절한 소원인데, 자주는 기원하지 못하는 소원이라서 여기에 한번 쓴다.

세상 앞에 당신은 혼자가 아니므로
_벤치클리어링(bench-clearing brawl)

두 사내가 있다.

파란 옷의 사내가 흰 옷 입은 사내를 노려본다.

파란 옷의 사내는 공을 쥐고 있고, 그의 앞에 선 흰 옷의 사내는 방망이를 들고 있다.

불과 18.44m 앞에 녀석이 있다. 녀석은 시리즈 첫날 홈런을 치더니, 두 팔을 번쩍 들고 우리 쪽 벤치를 쳐다보며 살짝 쪼개기도 했다! 개념 없는 녀석, 한번 죽어봐라. 뜨거운 분노를 차가운 제구력으로 가다듬고 있는 사내는 강속구 투수다. 150km를 육박하는 공을 사람의 운동신경으로 피하는 건 어려운 일이다. 그는 던지고야 만다. 감히 우리 팀을 능욕해? 본때를 보여주마. 아플 거다. 알아서 잘 피해라.

공은 엄청난 회전이 걸린 채 성난 표정으로 타자에게 달려든다. 그리고 타자의 뒤통수를 스치며 등 뒤로 날아가버렸다. 타자는 화가 났다. 그 공에 머리를 맞았다면? 갈비뼈가 부러졌다면? 남은 경기를 날리는 건 물론이고, 우리집 둘째 딸 기저귀 값은 누가 버나? 날 죽이려고 한 건가? 내 이놈을 용서치 않으리라.

양 팀의 벤치가 깨끗하게 정리된다. 모든 선수가 투수 마운드와 타석 사이에 모여 서로를 밀치고 있다. 흥분한 투수와 타자는 말리는 코치를 밀치며 서로에게 돌진한다. 많은 점수 차 때문에 다소 건조하던 야구장이 소나기라도 쏟아지듯 부산하다.

팽팽한 기압골을 형성한 두 유니폼의 물결, 그 끝자락에는 자리를 박차고 나와 반갑게 인사를 나누는 남자들이 있다.

"오늘밤에 회 한 접시 어떠냐."

"요즘 몸 관리 들어가서 소주는 곤란하다."

"그럼 사이다도 먹지 마라."

이런 대화일지도 모른다. 오늘 밤, 생선들도 회가 되어 세상을 뜰 것이다.

벤치클리어링은 그런 것이다. 벤치클리어링이 왜 벤치클리어링인가. 벤치를 깨끗이 비우기에 벤치클리어링이다. 뭔가 미묘한 분위기가 감지되면 더그아웃에서 불펜까지 우리 팀원을 위해 현장으로 달려나가는 것이다. 이때 튀어나온 속도로 그 팀의 순위를 가늠할 수 있다. 잘나가는 팀은, 당연히 팀워크도 좋다.

다만 나가서 다짜고짜 주먹질하고 싸우지는 않는다. 몇몇 최악의 경우를 제외하고, 그들은 그라운드에서 만나 안부를 주고받거나, 형한테 이러지 마라, 살살 해라, 혹은 오늘 너무 심한 거 아냐? 등의 말을 나누고 다시 자리로 돌아갈 것이다.

경기를 중계하는 캐스터와 해설자는 '이러면 안 돼요'라고 하면서도 상황을 즐기고 있을지 모른다. 그것도 경기의 일부라 친다면, 날이면 날마다 오는 일부가 아니므로, 그날 경기장을 찾은 관중은 복 받은 것이다. 다만, 너무 많은 시간을 소모하지만 않는다면.

그들은 팀이라는 조직 속에서 몸과 몸으로 연대하고 있다. 그러니 팀원의 편에 서서 상대편과 맞서는 건 당연한 일이다. 그러므로 벤치클리어링은 경기의 일부다. 하지만 가장 중요한 일은, 우리 팀의 동료들이 나를 위해 다이아몬드 복판으로 나와주었다는 것. 당신은 혼자가 아니라는, 다이아몬드처럼 깨지지 않을 약속.

생각해본다. 내가 만약 세상이라는 투수가 던지는 강속구에 맞서는 타자가 되었을 때, 누가 나를 위로해주지? 나를 위해 그라운드로 벼락

같이 달려올 동료는 누구지? 친구들의 얼굴을 떠올려본다. 시 쓰고 소설 쓰고 책 만들고 공부하는 그들. 술 좋아하고 사람 좋아하는 그들. 어지간히도 약하고 순한 사람들이 술에 취해 흐느적거리는 영상이 오버랩된다. 고개를 흔든다. 차라리 말을 말자. 그런 이유로,
 밉보이지 않고 그래서 빈볼도 없고, 다툼도 없는 세상에서 싸우지 않고 둥글둥글 살기로 한다.

하지만 당신이 세상에 둘러싸여 대거리를 주고받을 때, 내가 자리를 박차고 달려나갈게. 어깨를 걸칠게. 당신은 나와 마찬가지로 정직하게 살아왔고, 우리 모두는 그걸 잘 안다. 나는 당신의 편이다. 당신은 어떤가. 어디든 마음으로, 혹은 정신으로, 끝내는 몸으로, 우리는 같은 편.
 광포한 무리들에 맞선 지금, 우리는 벤치클리어링 하러 간다.
 당신과 나의 동해 바다 같은 오지랖으로 펼쳐진 위아래 없는 연대의식.
 이를 줄여서 '벤치클리어링'이라고 부른다.

꿈꾸는 아이들의 네 멋대로 야구

 아이들에게는 아이들의 세계가 있다. 어른들은 아이들의 세계에 간섭하고 어른의 법칙을 적용하려 한다. 하지만 그 세계를 가만히 두면, 아이들은 아이들의 기준으로 아주 잘 움직인다. 그들의 방식은 때로는 어른의 그것보다 놀라울 정도로 합리적이다. 이런 아이들의 합리성은 룰이 복잡하기로 유명한 야구에서 더욱 빛을 발했다. 세상을 배우는 게 아니라, 세상을 만들었던 초등학교 운동장. 그곳에서 벌어진 야구의 조악하나마 지혜로운 원리를 재구성해본다.

열정으로 양보하기

 지금보다는 아이들이 학원에 훨씬 덜 다니던 시절이었다. 6학년들은 축구를 하거나 야구를 했다. 비가 오면 곳곳이 물웅덩이가 되기 일쑤인 학교 운동장에 6학년 남자아이들이 그득그득 들어차서 소리를 질러댔다.
 축구의 인기는 언제나 높다. 축구 잘하는 친구는 공부도 잘했고 인기

가 높았으며 싸움도 잘했다. 그리고 어딘가 모르게 잘생겨 보였다. 운동장에 모여 공 하나를 두고 왁자하게 소리를 지르며 상대방의 진영으로 압박해 들어가는 것. 축구는 매력적인 운동이 분명하다. 그런 이유로 초등학교 운동장의 주인공은 단연 공 차는 아이들이었다.

 축구에 비해 야구는 얌전한 조연에 가까웠다. 홈플레이트는 사각형인 운동장의 모서리가 어울렸다. 그곳에는 석양과 학교 건물이 만나 이뤄낸 훌륭한 그늘이 있었다. 쭈그려 앉아 고생하는 포수를 위한 소중한 공간이다. 한마디로 구석이라는 말이다. 그렇게 구석에서 야구를 하고 있음에도 불구하고 축구를 하는 친구들과 반드시 동선이 겹치게 마련이다. 특히 그라운드에 외롭게 서 있어야 할 외야수는 그 빈도가 심했다.

 게임의 대부분이 '멈춰 있는 상태'인 야구를 하는 6학년은 맹렬하게 드리블을 해오는 다른 6학년을 위해 슬쩍 자리를 내어주는 겸양의 덕을 지니기도 했다. 축구 하는 6학년이 코너킥을 찰 때는 글러브를 든 모든 야구 선수가 코너킥 하는 축구 선수의 오른발을 지켜보며 그저 그렇게 잠시 서 있었다.

 놀이와 놀이, 열정과 열정이 만나는 순간의 아름다운 양보. 축구와 야구는 어떤 식으로든 공존할 수 있다. 아이의 마음으로 열정을 발휘한다면, 왜 안 되겠는가?

외야처럼 넓은 마음을 가질 것.

찰랑찰랑 금 긋기

아이들의 놀이에서 선은 중요하다. 의심이 없는 목소리로, 금 밟았어! 라고 누군가가 긴하게 제보하면, 그 팀의 공격은 끝나는 것이다. 금 하나에 게임의 흐름은 순식간에 바뀌기도 한다. 야구 또한 마찬가지다. 축구보다 많은 금과 선이 필요한, 복잡한 운동이 야구다.

아이들은 운동장 구석을 찾아 모서리에 짧게 두 줄을 긋고 홈플레이트 삼았다. 그리고 운동장의 끝선을 따라 주전자 물로 찰랑찰랑 선을 그어 1루와 2루를 돌아 3루를 거쳐 홈으로 돌아오는 다이아몬드를 그렸다. 3루를 지날 때 주전자 물이 떨어져 다시 떠오기도 했다. 보통 반에서 그림을 가장 잘 그리는 친구가 그걸 했다. 그러나 저러나 이러나 어떻게 해도 삐뚤빼뚤한 악필이기는 매한가지였다. 괜찮았다. 거기 끝에 베이스가 있음을 우리 모두는 알고 있었으므로. 베이스와 베이스 사이의 거리는 눈대중으로 했다. 결국 완벽한 다이아몬드는 되지 못했다.

그런 운동장에서 야구는 시합이라기엔 어설프고 놀이라기엔 애매했다. 그러나 아이들은 그들만의 경험으로 체득했다. 어느 정도의 길이와 구획이 그들에게 최고의 야구를 선사할지를. 지금의 유소년 야구장처럼 정확한 규격은 아니었지만, 그래서 아옹다옹하는 시간과 티격태격하는 목소리가 더 필요했지만, 6학년들은 그들의 세상을 그들 스스로 만든 것이다.

모두에게 공정한 룰을 만든다는 게 시간이 걸리는 일임을 그때 알게 되었다. 서로가 마주보고 토의하고 협의하는 긴 시간을 당연하게 여겨야 한다고. 그리고 그 시간을 차분하게 견뎌야 모두가 행복해진다고.

모두에게 세이프인 협의는 가능하다. 그 시간을 정면으로 응시하고 지나갈 것.

멋있는 건 멋있게 인정하기

따로 심판은 없었다. 차마 야구라 부르기엔 이상하고 어설프고 애매한 공놀이에서 심판은 그들 자신이 맡아야만 했다.

야구는 심판의 역할이 미적美的으로 발달한 종목이다. 야구의 시작이자 끝이라 할 수 있는 스트라이크 존부터 주심의 '아름다움에 대한 주관'이 크게 개입한다. 이건 홈플레이트의 금이 타자의 신체와 만나 가상의 공간에 사각형 하나를 미적으로 생성시키는 일이다. 홈플레이트의 좌우, 그리고 타자의 무릎에서 허리벨트. 그런 사각형은 사실 상상 속에 존재하는 동물과도 같다. 해태나 비룡처럼.

그런 이유였을까. 어설픈 6학년 투수들은 제대로 된 스트라이크를 좀처럼 던지지 못했고, 아이들은 야구가 재밌게 진행될 만한 존zone을 스스로 다시 정립했다. 볼은 6개까지 허용했다. 그 와중에 스트라이크 존은 슬금슬금 넓어지고, 그러면서 볼이기도 하고 스트라이크이기도 한 공이 다시 생긴다. 그때부터 큰 목소리가 여기저기서 터져나오는 것이다.

볼! 볼! 삼진! 삼진! 아니 볼! 아니 스트라이크!

누군가 겸허하게 자기 편에 불리한 판정을 인정할 때까지, 목소리 승부는 멈추지 않을 것이다. 하지만, 생각보다 이 싸움은 금방 끝이 난다. 아이들은 알고 있다. 볼과 스트라이크를 위한 '목소리 크기 대결'보다 다음 공을 던지며 계속해나가는 '야구 대결'이 훨씬 재미있음을. 그리고 우리를 갸우뚱하게 만든 방금 그 공이 사실 멋진 유인구이거나 승부구였음을.

다음 공을 6학년 타자가 어렵사리 쳐낸다. 땅볼이다. 내야수가 어쩌다(거의 그런 일은 없지만) 바운드 된 공을 완벽하게 잡아 1루에 던진다. 1루수가 그 공을(웬만하면 그런 일은 일어나지 않지만) 다리를 쭉 뻗어 제대로 잡으면, 아웃 타이밍으로 쳤다. 비슷한 타이밍은 비슷하게 아웃이다. 어쩌다 나오는 멋지고 진귀한 플레이를 아이들은 사랑했다. 아름다운 모든 것은 진지한 사랑을 받아 마땅하므로.

멋진 일은 멋지게 인정할 것.

1. 아리랑 볼
아리랑, 아리랑, 아라리요. 노래를 부르면 투수가 던진 공은 아름다운 포물선을 그리며 스멀스멀 다가올 것이다. 커브와는 다르다. 커브는 투수가 구사한 회전에 의하여 공의 궤적이 결정되는 '변화구'이지만, 아리랑 볼은 그냥 힘이 없어서 느리게 떨어질 뿐이다. 힘 조절을 잘하면, 스트라이크가 된다. 유연한 아리랑 가락처럼.

다치거나 죽지 말기

 말랑말랑한 테니스공으로 야구를 했다. 야구는 죽지 않아야 하는 게임이다. 타석에서 죽지 않고 살아나가, 날것 그대로의 심장으로 다이아몬드를 모두 돌아야 한다. 그리고 오디세우스처럼 당당하게 귀환해야 한다. 그렇게 살아와야 겨우 1점이다. 1점으로 이길 수도 질 수도 있으니, 야구는 생명을 중시하는 게임인 동시에 생명을 겁박하는 게임이다.
 이런 굉장한 이유에서는 아니겠지만, 아이들은 테니스공을 즐겨 사용했다. 야구공으로 맞으면 죽을 것 같아서다. 테니스공으로는 머리를 맞아도 살 수 있을 것 같아서다. 테니스공은 녹색이고 실밥 대신에 흰색 선이 있다.
 아이들에게 변화구는 '아리랑 볼[1]'이 전부였다. 속구는 타자 앞에서 스윽 떠오르기도 했다. 자주 몸에 맞았지만 따끔한 주사 정도라 괜찮았다. 사실 그런 것에 아파하면 6학년 남자라고 할 수 없었다. 중요 부위(?)만 아니면 아무려나 상관없었다.
 아이들은 알루미늄 배트가 아닌 나무방망이를 사용했다. 학원을 몰래 빼먹어서, 아버지 지갑에서 만 원을 슬쩍해서, 오락실에 가 있다가 걸려 나무방망이에 맞았다는 아이들의 무용담이 부지기수였다. 하지만 맞아서 죽지는 않았다. 허벅지는 생각보다 튼실했다. 오히려 방망이가 부러지는 경우가 많았다.

남자아이들의 공연한 장난으로 방망이가 부러지면, 상대적으로 비싼 놀이기구를 부러뜨린 아이는 집에 가면 엄마에게 죽었다고 엄살이었다. 그러나 세상의 모든 엄마는 아이를 살게 하지 죽게 내버려두지 않으니까, 아마 괜찮았을 것이다. 다치지도 말고, 죽지도 말기. 야구의 제1원칙이다.

엄마와 아빠가 물려주신 몸을 말랑말랑하게 잘 단속하여, 건강하게 야구할 것.

허리를 숙여 나누기

야구 장비는 다른 놀이기구에 비해 확실히 비쌌다. 당시에는 대부분

몸만 가지고 놀았으므로, 야구는 부모 입장에서는 꽤 귀찮은 놀이였다. 일단 반 아이들 중에 적어도 두 명은 방망이가 있어야 했다. 물론 그 야구방망이는 나눠 썼다. 프로야구 선수처럼 아이들의 폼도 제각각이어서, 상상 속에 존재하는 아프리카 원주민을 흉내 내며 땅바닥에 애꿎은 방망이를 쿵쿵 찍어내는 녀석도 있었다. 방망이의 주인은 속이 타지만 친구의 폼이 웃기므로 깔깔 웃고 말아야 한다.

　나눔의 정석은 글러브다. 글러브는 6학년 남자들이 애지중지해야 하는 물건이었다. 새로 구입해 딱딱한 글러브를 길들이기 위해 여러 번 쓰다듬고 접고 펴야 했다. 글러브는 만날 다투는 옆자리 여자애와는 다르다. 공들이고 노력하면 결국 다정한 내 편이 되는 것이 글러브의 미덕이다. 9명이 모두 정답고 멋진 글러브를 가지고 있을 리는 없다. 많은 친구들은 당연한 거 아니냐는 표정으로 맨손으로 야구를 하러 와서 무리에 낀다. 글러브를 가진 친구는 글러브를 가지지 못한 친구와 어울려 야구를 한다. 숫자가 맞아야 야구를 할 수 있고, 또 그 편이 재밌으니까.

　아이들은 손바닥에서 난 땀으로 안감이 축축하게 젖은 글러브를 서로 나누어 낀다. 그것은 함께 시합하는 다른 편과도 마찬가지다. 글러

2. 장종훈
이글스의 레전드 타자. 연봉 삼백만 원의 연습생으로 프로 생활을 시작해 3연속 홈런왕에 오른 입지전적 선수다. 당시 최고의 인기를 구가하였다. 심지어 일본에서 건너와 번역된 야구만화의 제목이 『4번타자 왕종훈』이기도 했다. 원래 제목은 『4P 다나카군』. '다나카'가 '장종훈'이 된 것이다. 물론 장종훈은 다나카보다 훨씬 키도 크고 훤칠하다.

3. 장효조
라이온즈와 롯데 자이언츠에서 선수 생활을 하며 '타격의 달인', '안타 제조기'로 불릴 만큼 완벽한 타격 솜씨를 보여주었다. 타격왕을 네 번 차지했으며, 1987년에는 무려 3할 8푼 7리의 고타율을 기록하기도 했다. 이 글을 쓰는 동안 지병으로 타계했다.

브를 모으고 또 모아서 가까스로 9개를 맞추는 것. 그래서 그 글러브로 함께 야구를 하는 것. 그것이 자신이 글러브의 주인이라는 사실보다 더 중요한 일이다. 공수교대 시간이면 허리를 숙여 자기가 수비를 봤던 그 자리에 글러브를 놓고 뛰어 들어온다. 그리고 뛰어나간 상대편이 다시 그 글러브를 낀다. 한번 다정한 글러브는 영원히 다정한 글러브. 없으면 나누어 쓰고, 있으면 그 역시 나누어 쓴다.

야구를 할 수 있는 아주 쉬운 방법은 나눔이다. 나눔을 기꺼워할 것.

내 멋대로 꿈꾸기

그때 타선에는 스스로를 장종훈[2]이라 칭하는 아이들이 많았다. 장효조[3]보다 젊고, 김성한보다 멋있는 폼을 가졌으며, 노찬엽[4]보다 홈런을 잘 때렸으며, 김응국[5]보다 이름도 세련됐다. 훈련생 신화, 연습생 신화라 하니, 누구나 연습만 열심히 하면 될 것만 같았다. 물론 같은 이유로 속셈학원과 컴퓨터학원을 다녀야 했다. 하지만 우리는 무엇보다 야

4. 노찬엽

청룡에 입단하여 청룡을 이어받은 트윈스에서 선수 생활을 했다. 1990년에는 3할 3푼 3리의 고타율로 팀의 창단 첫해 우승을 이끈다. 매서운 스윙으로 '검객'으로 불렸으나, 투수가 던진 공을 눈에 맞는 부상을 입은 후에는 좀처럼 날카로운 타격을 보여주지 못했다.

5. 김응국

자이언츠에서 활약했다. 외야수로 골든 글러브를 두 차례 수상하는 등, 견실한 선수 생활을 했다. 그는 홈런 1위 타이틀(3개)도 갖고 있다. 그 홈런은 이른바 '인사이드더파크 홈런(inside the park home-run)'. 발로 홈런을 만들어내는 그의 별명은 발이 자주 풀리는 가수의 히트곡, 〈호랑나비〉였다. 호랑나비치고는 꽤 빠르지 않은가.

구에 열심이었다. 속셈과 MS DOS는 야구에 비하면 4차원의 벽 바깥에 있는 것만큼이나 재미가 없었다.

야구를 하기로 아이들끼리 약속한 전날 밤에는 집에 있는 기다란 우산으로 타격 자세를 가다듬으며 외롭게 연습했다. 그러다가 와장창 깨지는 화분. 그건 집이 좁기 때문이지 우리의 열정 탓은 아니었다. 주공 아파트의 6학년들, 부모는 거의 맞벌이였고 둘이 벌어도 아파트 평수는 쉽게 넓어지지 않았다. 하지만 아이들은 그런 꿈같지 않은 일은 몰라야 맞다. 그래야 꿈꿀 수 있으니까. 그래서 너도 나도 장종훈이 되었다. 날아오는 테니스공에 방망이를 휘둘렀다.

누가 이겼지? 친구가 졌던가? 내가 이겼던가? 결과는 기억나지 않는다. 6학년의 야구는 이상하고 어설프고 애매한 장면들의 연속이었다. 모두 장종훈이 되지는 못한 것 같다. 하지만 그 비슷한 것이 되려고 우리는 아직까지 연습중임을 믿는다. 물집이 잡히고 터지기를 반복해서 거북 등껍데기가 된 장종훈의 손바닥처럼, 그때의 아이들은 지금까지도 더욱, 연해지고 강해지기를 반복하고 있다. '네 멋대로' 꿈꾸기를 위한 물집이라면 다시 잡히고 다시 터질 것이다. 그 속에서 6학년은 자라

났고, 이제 그 자리에는 다른 6학년이 있을 것이다.

다들 운동장에서 공 좀 던지고 차고 있을까? 그러길 빈다.

시범경기의 아버지들

 개막전 선발을 차지하기 위한 뜨거운 집념, 그 열기가 소리 없는 함성과 만나 경기장 위에서 스르르 녹아버리는 풍경, 이것이 프로야구 시범경기¹다. 시범경기는 시즌이 아니다. 시즌을 준비하기 위한 짧은 리그다. 그러니까 시범경기는 진짜가 아닌, 진짜를 위한, 진짜를 향한 보여주기다. 어쩌면 시범경기는 가장 뜨거운 동시에 가장 스산한 야구의 얼굴일지도 모른다.

 시범경기는 조금은 쌀쌀한 날씨에 진행되었다. 소년은 한적한 외야석에 자리를 잡고, 몇몇 어른은 앉을 만한 공간에 몸을 뻗고 눕는다. 누워서 눈을 감는다. 감긴 눈꺼풀 위로 4월의 해가 닿았다. 빨갛기도 하고 갈색이기도 하고 검기도 한 얼룩이 감은 눈 위로 우주처럼 떠올랐다가 사라지고 다시 생겼다. 형용할 수 없는 불투명의 반복 속에서 야구는 계속되고 있었다.
 내리쬐는 햇빛을 마다하지 않고 드러누워 눈을 감는 소년의 버릇은 아버지에게서 비롯되었다. 아버지가 방에서 꼭 그런 모양으로 누워 있었기 때문이다. 아버지는 형광등을 밝게 켜고 그 아래, 아무렇게나 벗

1 시범경기

정규 시즌이 시작되기 전에 치러지는 짧은 리그로, 점검의 의미가 크다. 그야말로 '시범'을 보이는 것이다. 이는 선수들의 기량을 체크함은 물론이고, 겨우내 정비했던 야구장에 대한 점검일 수도 있다. 그리고 어떤 선수에게는 감독의 눈도장을 받기 위한 처절한 사투의 장이기도 하다. 또한 팬들에게 시범경기는 새 시즌의 시작을 알리는 봄의 전령사이기도 하다.

어딘지 스파이크처럼 누워 있었다. 아버지, 하면 응, 대답했다. 눈은 감고 있는데 자고 있지는 않았다.

  소년은 라면 두 개 분의 물을 맞추며 생각했다. 도대체 아버지는 감고 있는 작은 두 눈으로 무엇을 보고 있는 것일까. 그는 한숨을 자주 내뱉었고, 가끔 TV채널을 바꿨고, 자주 몸을 뒤척였다. 되는 일 없는 백업 외야수가 하염없이 미끄러지는 자세였다. 그는 긴 슬럼프에 빠져 있었다.

  그렇게 관중석에 누워 있다가 지겨워지면 소년은 관중석 가장 높은 곳으로 갔다. 까치발로 서서 시범경기를 보러 온 사람들을 세어보았다. 텅 빈 것 같았던 경기장 안에는 꽤 많은 사람들이 보였다. 드문드문 아버지 같은 사람들이 앉아 있거나 서 있었다. 담배 연기를 뿜기도 했다. 다들 서로 어색해 보였다. 그들을 센다.

  이상하게도 서른 명이 넘어가면서 꼭 헷갈린다. 아까 짚었던 사람인 것도 같고 아닌 것 같기도 했다. 다들 비슷하게 생겼기 때문이다. 그들은 아버지와 비슷했다. 아버지와 비슷하게 생긴 사람들이 작은 눈으로 경기장의 잔디를 쓰다듬고 있다. 이윽고 아버지들에게 둘러싸인 경기가 시작된다.

시범경기와 한국시리즈의 선수 구성은 엄연히 다르다. 시범경기는 시즌 성적에 포함되지 않는다. 어디까지나 준비 과정에 불과하다. 그러나 많은 선수들이 시범경기조차 뛸 수 없다. 시범경기에서 기회를 얻은 어떤 선수들은 시즌이 시작되면 다시 2군으로 내려간다. 1군에서 살아남은 선수 중 반 이상은 후보 선수가 된다.

시범경기는 거짓말도 참 잘한다. 시범경기에서 1위를 하던 팀이 시즌이 시작되면 하위권에서 맴돌기도 한다. 반대의 경우도 있다. 준비과정에서의 결과는 사실 중요하지 않다. 그것은 결과도 아니다. 과정 중의 과정에 불과하다.

아버지라는 단어는 항상 대문자로 존재해야 하는 것처럼 느껴진다. 하지만 많은 남자들에게 세상은 곳곳이 파인 잔디처럼 투박했다. 그들은 아마도 소문자 남자들. 소문자 아버지는 어느 팀에서나 쉽게 볼 수 있는 왜소한 체격의 외야수 같다.

저기 아버지의 등을 닮은 외야수가 허리를 굽히고 수비 자세를 취한

다. 그는 어느덧 서른 살이 넘었다. 퇴물이라 불릴 날도 얼마 남지 않았다. 타자가 때린 강한 타구가 그의 옆으로 쏜살같이 지나간다. 그의 뒤에는 그의 편이 없다. 오로지 딱딱한 펜스뿐이다. 그는 펜스 앞에서 뭔가에 질린 듯 잠깐 몸을 움츠린다. 짧게 움찔한 그 순간 때문에 그는 공을 놓치고, 타자 주자는 어느새 3루까지 도착한다.

소년의 아버지는 야구부가 있는 고등학교에서 공부깨나 하는 학생이었다. 남자의 인생이 어디서부터 어긋났는지 자세히는 알 수 없다. 세간의 평처럼 운이 없었을 수도 있고, 게을렀을 수도, 혹은 좋지 않은 친구나 선배를 만났을 수도 있다.

움찔한 외야수는 한때 최고의 유망주였다. 이제 그는 주전이 아니다. 실력이 부족해서, 부상 때문에, 혹은 그냥 야구 때문에…… 외야수는 새로운 시즌을 1군에서 시작할 수 있을까. 그에게 주어진 기회는 그리 많지 않다. 작고 적고 좁고 짧은 기회를 꼭 살려야 한다는 사실이 아버지들을 옥죄고 있다. 무명의 외야수와 익명의 아버지는 위기다. 날마다 얼굴을 바꿔 다시 찾아오는 위기.

시범경기를 보는 남자들은 담배를 피운다. 사라지는 연기의 자세로

2. 가을잔치
포스트시즌이라고 한다. 우리나라에서는 준플레이오프(준PO), 플레이오프(PO), 한국시리즈(KS)를 통틀어서 일컫는 말이다. 전어는 아니지만 9월이나 10월이 한창이다. 시즌의 마지막 수확이라고 할 수 있다. 한국의 가을은 점점 짧아지고 있고, 여름 우천연기는 점점 늘어난다. 한국시리즈에 눈이 오면 그건 가을잔치가 아닌데…… 걱정이다.

3. 펜스
펜스를 넘기면 홈런이다. 이는 우리 할머니도 아는 상식 중의 상식. 홈런을 막기 위해, 멋진 캐치를 위해 외야수는 종종 펜스에 몸을 날린다. 메이저리그 진기명기에서 펜스에 온몸을 바쳐 공을 잡아내는 토리 헌터, 칼 립켄 주니어의 모습을 우리는 익히 보았다. 그

경기에 심취한다. 스타들은 쌀쌀한 날씨 때문인지 더그아웃 밖으로 나오지 않는다. 관중들은 이름없는 타자와 애송이 같은 투수의 승부를 보고 있다. 그들은 타자와 투수, 그리고 야수에게 주어진 소중한 기회를 연기처럼 조용히 응원하고 있다.

타자는 공을 때렸고 타구의 질이 좋았다. 그러나 우익수가 잡지 못할 타구는 아니었다. 무명 외야수는 펜스 앞에서 실책성 플레이를 했다. 그리고 교체되었다. 경기중에 교체되어 나가는 외야수의 백넘버와 이름을 아버지들은 보고 있다. 이제까지 그래왔던 것처럼, 누구도 기억하진 못할 터였다.

무명의 외야수, 누구도 그의 미래를 의심하지 않았다. 관중이 가득 들어찬 가을잔치[2] 에서 그는 펜스를 넘어가는 타구를 잡으려 힘껏 뛰어올랐다. 그리고 담벼락에 던진 돌멩이처럼 둔탁한 소리를 내며 바닥에 떨어졌다. 그때나 지금이나 우리의 야구장은 단단한 펜스[3]로 홈런과 홈런 아님을 구분하므로, 그의 무릎은 부서질 수밖에 없었다.

시멘트에 몸을 던진 신인 외야수는 치료와 재활로 젊은 시절을 거의 다 보내야 했다. 그는 아시안게임을 대비하는 대한민국 최초의 드림팀

러나 우리나라 대부분의 경기장에서 그런 플레이는 금기다. 메이저리그의 펜스만큼 푹신하지 않기 때문이다. 예전처럼 시멘트 수준은 아니지만, 아직도 펜스에 부딪친 선수가 허리를 부여잡고 한참동안 잔디에 누워 있는 투혼의 장면을 쉽사리 볼 수 있다. 좋은 장면이 아니다.

멤버였고, 3할을 넘긴 신인이었으며, 성공이 보장된 선수였다. 그리고 시범경기를 하는 오늘, 얼마 남지 않은 기회를 위해 발버둥을 치다가, 움찔하는 사이에 기회를 날려버린 그저 그런 선수가 되었다. 그의 처연한 뒤통수.

아버지가 실패를 거듭한 사연 또한 조사하면 다 나올 것이다. 그리고 그 기구한 사연 속에서 얼마나 많은 사람이 성공과 실패를 가르는 펜스에 몸을 던지고 쓰러졌을 것인지 상상만으로도 아찔하다. 소년은 아버지가 형광등이 켜진 방에 몸을 비틀고 누워서 한숨으로 공간을 채우는 이유를 물어보지 않기로 한다.

그것은 펜스 때문일 수도, 혹은 펜스를 보지 못한 선수 본인 때문일 수도 있다. 아니면 그 누구의 탓도 아닐 것이다. 그 누구의 탓도 아니라고, 그러므로 당신이 못나서도 아니라고 입 밖으로 소리를 내어 말했다면 더욱 좋았겠지만, 시범경기에서 관중은 어디까지나 연기처럼, 소리를 내지 않는 법이다.

아버지는 방바닥에 누워 어둠의 색을 분류하고 있는 것이라 소년은 믿기로 한다. 야간경기 검은 하늘 한가운데 떠오른 하얀 야구공, 그 공을 좇는 날렵한 외야수처럼 아버지는 항상 열심히 달려야 한다고 생각했다. 그는 열심히 달렸을 것이다. 달리고 싶었을 것이다. 달리려고 했을 것이다. 그런데 놓쳤을 것이다.
  지금은 다음 수비를 위해 허리를 숙이고 저 멀리 홈플레이트를 쳐다보는 일조차 그에게 힘겹다. 팀을 구하는 호수비 한번 못 해보고 은퇴를 해야 하는 아버지들. 그들에게는 시범경기가 없었다.

  그는 현재 한 프로팀의 일원으로 부동의 1번 타자로 활약하고 있다. 그는 다른 팀 1번 타자들보다 나이 들었지만 더 잘치고 더 잘 잡고 더 잘 달린다. 그는 역시 야구를 잘하는 야구 선수였다. 어느 경기에서 그가 끝내기 안타를 치고 환호성을 지를 때, 소년시절, 시범경기에서 본 하늘을 생각했다. 그때 보았던 하늘 색은 실제의 색이 아니라 내 머릿속의 색이었다.
  그러니까, 눈을 감고 있다고 마냥 검은 것은 아니란 이야기다. 아버지는 곧 털고 일어났다. 가까운 사람의 치명적인 거짓말에 속으면 마음에 큰 부상을 입는 법이다. 재활 또한 오래 걸린다. 하지만 일어날 것이

다. 훌훌 털고, 다시 야구장으로, 다시 삶으로.

  시범경기가 끝나간다. 이기고 지는 일에 대해 개의치 않는 경기는 역시 긴장감이 없다. 같은 이유로, 앞으로 자신이 살아갈 삶이 온통 무서운 긴장으로 얼룩져 있을 것임을 소년은 알지 못한다.
  아버지와 같은 자세로 누워 눈을 감는다.
  검정이고 갈색이고 빨간 우주 속에서, 내일 혹은 지금 당장 해야 할 일의 목록들이 상대팀의 타순처럼 빽빽하게, 떠오르고 있다. 소년은 자기 자신을 응원하고 수많은 아버지와 선수들을 응원할 것이다.
  연기처럼, 우주처럼.

이 글을 쓰게 된 실제 모델은 현재 이글스의 외야수인 강동우 선수임을 밝혀둔다.

# 그렇게 쉽게 죽지 않아
_파울(foul)

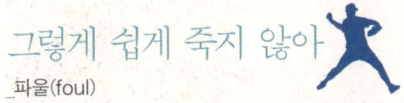

그어진 선 바깥으로 불시착한 하얀 공이 있다. 그건 잘못된 것이다. 그렇다고 아웃은 아니다. 공은 상대팀 수비수의 손에 들어가지 않았고, 땅바닥에 닿았거나 관중석으로 제 몸을 숨겼다. 그것을 우리는 이렇게 부른다.

파울 foul.

다른 운동 종목에서 '파울'은 흔히 반칙이라는 의미를 갖는다. 축구에서 파울을 하면 프리킥을 주고, 장소에 따라서는 페널티킥을 준다. 심하면 퇴장도 당한다. 농구에서 파울을 5개 범한 선수는 군말 없이 코트 밖으로 나가야 한다. 핸드볼에서는 심한 파울의 경우, 2분간 퇴장을 당하기도 한다.

야구에서 파울은 엄밀히 말해 파울볼이라고 하는 것이 더 적합할지 모르겠다. 하지만 파울이라고 하자. 볼은 어차피 볼이니까. '어차피'라는 말은 늘 애석한 표정이다. 애석함을 뒤로하고 우리는 파울볼을 친다. 아니, 파울을 친다.

타석에서부터 좌우측으로 뻗어 있는 파울라인이 기준이다. 경기장 안으로 떨어지든, 경기장 밖으로 나가든 V자 라인을 벗어나면 그것은 파울볼이다.

외야 양끝에 있는 파울 폴대는 파울라인의 종착점이다. 폴대 안으로 들어가면 홈런이고 폴대 바깥으로 떨어지면 파울 홈런이다. 타자가 머리를 감싼다. 그것은 파울볼이다.

타자는 노리던 공이 들어오는 걸 느낀다. 공이 수박만 하다는 게 이런 건가! 힘껏 당겨 친다. 빗맞았다. 1루수가 슬라이딩을 한다. 그의 글러브를 스치고 떨어지는 타구. 그것은 파울볼이다.

몸에 붙는 낮은 공을 가까스로 쳐냈다. 공은 포수의 사타구니를 강타하고, 공감의 탄성이 퍼지는 사이, 아픔의 종소리가 울린다. 엎드린 포수 밑에서 아직도 흔들리는 공, 그것은 파울볼이다.

빠르고 높은 공에 엉겁결에 배트를 휘두른다. 배트를 스친 공은 가속을 더하여 심판의 안면을 강타했다. 심판의 머리가 한동안 흔들거리며 의식이 혼미해진다. 그것은 파울볼이다.

아직도 죽지 않은 좌타자는 더 예리하게 배트를 휘두른다. 예리한 각도에 맞은 타구가 자신의 발등을 때린다. 대놓고 아파할 수도 없는 자학의 완결. 그것은 파울볼이다.

1. 아주라
부산에서 함부로 파울볼을 잡지 마라. 어린이의 꿈과 희망을 위해 주위의 어린이 중 한 명에게 주어야 한다. 부산의 응원문화는 우리 프로야구 응원의 결정체다. 비슷한 규모의 수도권 구장은 원정 팀 응원과 홈 팀의 응원이 치열한 백병전 양상을 보인다면, 부산 팬들의 응원은 화끈한 폭격이다. 일사분란하게 진행되는 노래하기, 신문지 흔들기, 봉지 뒤집어쓰기, 마! 외치기 등의 응원전은 사직구장이 '지구에서 가장 큰 노래방'으로 불리는 충분한 근거가 된다.

2. 스리번트
투 스트라이크 이후에 번트를 댔다. 그런데 파울이다. 그러면 아웃이다. 왜냐고? 번트의 귀재가 투 스트라이크 이후에 계속해서 번트를 댄다고 생각해보자. 투수의 투구 수를 늘려 간단하게 골로 보낼 수도 있다. 그런 건 비겁하다. 스리번트 아웃은 상당히 허무한 풍경

늦게 온 친구 때문에 3루 관중석 위쪽에 앉아 불편한 시야에 투덜거리던 당신. 끈질긴 좌타자가 연거푸 날리던 타구가 당신 발아래에 왔다. 웬 횡재인가 싶을 때, 들리는 협박조의 함성. 아주라, 아주라[1]. 그것은 파울볼이다.

더그아웃에는 좌타자의 동료들이 심각한 표정으로 타격코치의 눈치를 보고 있다. 어제 그제 낸 점수는 다해서 4점. 그들이 앉아 있는 더그아웃 중앙으로 성난 타구가 날아든다. 노닥거리던 선수들이 놀라 피한다. 그것은 파울볼이다.

도대체 언제 끝날 것인가? 언제까지 칠 것인가?

두 번까지는 스트라이크 카운트라는 벌칙을 받고, 세 번부터는 무한대로 칠 수 있는 기회를 부여받는 이상한 규칙. 야구에서의 파울은 기회의 영속성을 의미한다. 대부분 방망이에 제대로 맞히지 못한 타구이지만, 그것이 규격 바깥으로 나가버렸으므로, 타자는 한 번만 더, 다시 한 번 더 기회를 갖는다. 당신이 살거나, 죽을 때까지.

이다. 떼굴떼굴 하고 죽다니. 그래서인지 웬만하면 쓰지 않는 작전이기도 하다.

살면서 결정적 기회는 단 세 번 온다고 했던가. 아님 사나이는 딱 세 번 울어야 한다고 했던가. 재수는 해도 삼수는 하지 말라고 했던가. 가위바위보는 삼세판이라고 했던가. 무엇이든 세 번은 너무 적다. 우리는 분명히 훈련 받은 대로, 혹은 본능적으로 그것을 쳤고, 운이 좋지 않았는지 아님, 신이 외면했는지 제대로 치지는 못했다. 하지만 잡히지도 않았잖아? 너무 빡빡하게 굴지 말자.

저번 달 당신의 이력서는 종이 쓰레기로 버려졌다.
오랫동안 준비한 시험에 몇 문제 차이로 떨어졌다.
밤을 새고 코피를 쏟았건만 학점이 나오지 않았다.
내 모든 걸 다 줬는데 그녀가 냉정하게 떠나갔다.

타석에서 잠깐 벗어나 심호흡을 하자. 어깨도 펴고, 발로 방망이를 툭툭 치자. 타석의 흙도 다시 한번 고르자. 아직까진 파울이니까 괜찮아. 자포자기로 허리를 숙여 스리번트[2] 대지 말고.
가운데로 들어오는 공은 끝내 가만두지 않겠다는 마음가짐을 갖자.

파울은 그 마음가짐이 만들어낸 또 다른 기회다. 우리의 시간은 아직 마지막이라는 글러브에 들어가지 않았다.
"당신도 나도 아직 죽지 않았어. 그러니까 힘내."
이런 말을 줄여서 '파울'이라고 부르기로 한다.

레이더스,
사람의 얼굴, 그리고 오답

문 : IMF를 영문으로 풀어쓰고 그 뜻을 정확하게 쓰시오.
답 : International Monetary Fund, 국제통화기금

또 틀렸다.

영어선생의 역습에 많은 학생은 당황했다. 원래 영어 앞에서는 늘 당황하는데 거기에 IMF라니. 미지의 존재 앞에서 여러 오답이 고백처럼 쏟아졌다.

International Many Fund

International Money Fuck

I'M your Father

오답 노트의 사랑고백은 화려했다. 어쩌면 수십 년 계속된 오답의 결과가 세기말에 종기 터지듯 터진 것일지도 몰랐다. 우리는 여전히 아무것도 모르고 수능모의고사를 보고, 내신을 준비하며, 밤에는 자율학습을 했다.

1997년 크리스마스가 오기 전, 가장 많이 보고 들은 문장은 '경제를

살립시다' 혹은 '샴페인을 너무 일찍 터뜨렸다' 같은 거였다. 말에는 말하는 바를 이루게 하는 힘이 있다. 그해 크리스마스 즈음에 사람들은 금을 모았다. 영어를 가르치던 담임선생은 집에 있는 금붙이를 내일까지 가져오라 하였다. 그러면서 졸고 있는 어떤 녀석의 등을 후려쳤다.

순금처럼 빛나는 청춘들이 뜨겁게 매를 맞는 남자 고등학교의 조회시간. 나는 가져올 금붙이가 없어서 약간 부끄러웠으나, 금방 잊었다. 부끄러움에 대해 오래 생각할 시간을 학교에서는 주지 않았다. 보충수업과 교육방송, 시험이 계속해서 이어졌다. 용광로 같은 교실. 봄과 여름, 가을을 세 번 지나고, 세 번째 겨울이 다가올 즈음에야 그곳을 탈출할 수 있었다.

IMF를 졸업하기 위해 전 국민이 극복해야 하는 일은 끝도 없이 줄서 있었다. 자율학습처럼 정리해고가 일어나고, 보충수업처럼 파산신청이 줄을 이었다. 당연한 일과 불가능한 일의 경계가 흐릿하던 시절이었다.

시절을 위로하기 위한 판타지가 필요했다. TV 화면에는 S.E.S와 핑클이 있고, 바다 건너 골프장에는 박세리가 있고, 메이저리그의 화려한 마운드에는 박찬호가 있었다.

어디서든 위안을 찾아내고 거기에 극적으로 집중하는 방법을 우리는 터득해야 했다. 그 판타지 속에 야구는 속해 있지 않았다. 야구는 천천히 혹은 빠른 속도로 침몰해가는 실직자의 표정을 하고 있었다. 구겨진 채로, 뒹굴면서 시간을 나고 있었던 것이다. 어린이에게 꿈과 희망을 주었던 우리의 프로야구는, 지독한 현실을 맞이해야만 했다.

1998년, 코끼리를 닮은 김응룡 감독의 말투를 따라 무심한 듯 나직하게 내뱉는 말이 유행했다.

"동렬이도 없고, 종범이도 없고……"

이 말은 과장이 아니었다. 영원할 것 같던 슈퍼스타는 하나둘 자리를 떴다. 선동렬은 1995년 시즌을 끝으로 일본에 진출해 첫 시즌 부진했으나 다음 해부터 나고야의 태양으로 불리며 제 실력을 발휘했다. 이종범은 1997년 리그를 지배하며 영웅적인 활약으로 객관적 전력이 뒤지던 해태를 우승시켰다. 그리고 이어진 스토브리그에서 소속 팀에게 거액을 안기며 당당하게 나고야로 떠난다. 시즌 초반 인상적인 플레이를 이어가던 그는 일본 투수의 견제에 시달리다 빈볼로 인해 팔꿈치에 치

1. 보약
최근 비실비실한 행보를 보이는 상위권 팀이 있다고 치자. 불안한 승률로 1위 자리를 위협받고 있다 치자. 그때 보약을 만나야 한다. 프로야구는 시즌마다 새로운 먹이사슬이 생긴다. 순위와는 상관없이 특정 팀에게 강한 면모를 보이거나, 반대의 경우도 있다. 상위권 팀은 보약 팀을 만나 3연승을 하고 다시 상승세를 밟을 것이다. 한번 보약으로 찍히면 해당 시즌은 끝날 때까지 괴롭다.

2. 조규제
1991년 쌍방울에 입단하여 입단 첫해 9승 27세이브를 올린다. 왜소한 체격만큼 잔돌이 같은 피칭을 신인시절부터 보여준다. 172센티미터의 단신으로 150km에 육박하는 강속구를 뿌렸고, 매해 20세이브 이상을 올리며 쌍방울의 짧은 전성기를 대차게 이끌었다.

명적인 부상을 당한다.

  1998년, 동렬이도, 종범이도, 돈도 없던 왕년의 최강팀이자 전년도 우승팀인 해태는 5위로 순위가 급전직하한다. 그리고 점점 깊이 고개 숙이는 모# 기업 덕분에 급기야 선수 팔기에 돌입한다(이런 와중에 삼성의 레전드 양준혁이 해태에서 잠시 뛰었다는 사실은 흥미롭다).

  누구도 부인할 수 없는 명문인 해태의 행보보다 더 암울한 진흙탕을 걷는 팀이 하나 있었다. 존재만으로도 정겨움과 민망함을 동시에 안겨 주던 팀. 짧은 전성기를 뒤로하고 어두운 시절 다른 구단의 보약[1]이 될 수밖에 없었던 팀. 그 이름을 발음하는 것만으로도 애잔함이 담뿍 묻어나는 팀. 쌍방울.

  현진건의 단편소설 「빈처」에서 주인공은 젊은 부부다. 남편은 외국 유학을 하고 돌아온 엘리트이나 경제적 능력이 없는 그저 그런 룸펜이다. 그의 처는 남편이 언젠가 대작가가 될 것이라 믿으며, 살림살이와 옷가지 등을 전당포에 맡기며 생활을 꾸려간다. 남편은 미안한 마음이 가득하지만, 진지하게 돈을 벌어올 궁리를 하진 않는다. 그는 식민지 치하의 지식인이기 때문이다. 그가 돈을 벌 길은 양심을 어기는 방

3. 김기태
1991년 조규제와 함께 쌍방울에 입단했다. 신인임에도 27개의 홈런과 95타점을 올린다. 신인왕에 충분히 근접한 성적이었으나 팀동료 조규제에 밀렸다. 오래 명맥이 끊겼던 왼손 슬러거의 계보를 이으며 쌍방울 전성기에 팀의 중심으로 활동한다.

4. 김현욱
1993년 삼성 라이온즈에 입단하나 신고선수였고, 1995년에 쌍방울로 트레이드된다. 쌍방울에서 3년 동안 불펜으로 활약했으며 1997년에는 무려 20승을 거두기도 한다. 전천후로 마운드에 올라 생생하게 공을 던지는 그의 팔은 아마도, '고무'였을 것이란 억측이 있다.

법 외엔 거의 없었다. 소설은 막장드라마가 판을 치는 지금의 시점으로 보기엔 약간 밋밋한 방식으로, 부부가 서로의 정을 확인하며 마무리된다.

쌍방울의 '빈처'는 어땠을까.

쌍방울은 소설 속의 빈처가 전당포에 물건을 맡기듯 다른 구단에게 소속선수를 팔아 시즌을 연명했다. 쌍방울에는 이전 소속팀에서 알게 모르게 버림받고 내쳐진 선수들이 많았다. 혹은 신인 때부터 쌍방울에서 계속 야구를 해온 선수들이었다. 그들 중에 다른 구단이 탐낼 만한 선수는 어김없이 유니폼을 갈아입어야 했다. 해태처럼 일본의 부자구단에 팔 수 있는 슈퍼스타가 있는 것도 아니어서, 그들은 선수 덕분에 생긴 자금을 밀린 숙박료와 체불 임금을 지급하는 데 써야 했다. 그 모습은 IMF에 힘겹게 맞서다 소멸해간 이 땅의 많은 중소기업의 쇠잔함과 놀랍게도 닮았다.

그렇게 떠나간 선수는 박경완 조규제[2] 김기태[3] 김현욱[4] 등이었다. 1998년에는 용병제도가 도입되었지만, 쌍방울은 용병을 쓰지 않았다. 그들에게 들일 돈이 없었기 때문이다. 그해 팀 승률은 2할 5푼이 채 되

5. 웨이버 공시

웨이버(waiver)는 권리포기라는 뜻이다. 권리포기를 공시한다는 말은 팀이 선수에 대한 권리를 놓음으로써 선수가 다른 팀과 계약할 수 있게 풀어준다는 말이다. 웨이버 공시는 각국 리그마다 조금씩 규정이 다르다. 우리나라 리그에서는 퇴출의 다른 말로 쓰인다.

지 않았다. 이는 전설의 삼미 슈퍼스타즈가 없었다면 그 자리를 대신했을 기록이며, 8개 구단 체제에서는 당연하게도 전설의 기록이 되었다.

쌍방울 팬들은 사랑하는 팀의 몰락을 애태우며 지켜봐야 했다. 소설 「빈처」의 결말이 훈훈했다면, 쌍방울의 결말은 소멸 그 자체였다. 열혈 팬이 아무리 속옷을 사주어도, 겨울 내복과 아내의 속옷까지 모두 쌍방울로 통일해도, 쌍방울의 미래는 누구든 미루어 짐작하기 어렵지 않았다. 그건 확고하고 자연스러운 절차였다.

1997년부터 2000년, 새로운 세기가 오기 직전까지 많은 이름이 우리 곁에서 사라졌다. 세계를 호령할 것 같았던 대기업은 공중분해되었다. 제철소를 만들던 업체는 바다 위에 유출된 기름처럼 지저분한 모습으로 모두에게 해를 끼쳤다. 수학여행은 당일치기로 축소되었다. 보충수업비와 기숙사 비용을 내지 못하는 친구들이 늘어났다. 통닭을 팔거나 비디오 가게를 하던 동네 사장님들은 빚을 갚지 못해 가게 문을 닫았다.

다들 두리번거릴 사이도 없이 절벽의 끝으로, 절망의 소굴로 쫓겨나고 있었다. 쌍방울은 그 혼돈 속에서 사라졌다. 그들의 역사는 부정되

팀이 권리를 포기한 선수가 재기하는 모습은 야구의 또 다른 감동 중 하나이다. 그들의 건투를 빈다.

6. 신고선수
연습생이라 불려도 무방하다. KBO에 등록되지 않은 채 팀에 속해 기량을 연마한다. 신인 신고선수는 드래프트에서 정식지명을 받지 못하고 계약금 없이 프로생활을 시작한다(김현수의 경우). 원래의 팀에서 방출되고 새로운 팀에 취직할 때 신고선수로 이적하기도 한다(이종욱의 경우). 이들에게는 최저연봉이 보장되지 않고, 정규직으로 채용될 가능성도 크지 않다.

었다. 연고지는 스스럼없이 버려졌다.

 그때부터일까. 우리는 많은 걸 가차없이 버리기 시작했다. 쌍방울이 선수를 팔던 즈음부터 성행한 정리해고는 노동자를 너무나도 쉽게 '웨이버 공시waiver 公示'⁵ 했다. 정규직과 비정규직의 철저한 구분은 평생을 야구에 바쳐온 젊은이를 싼값에 고용할 수 있는 '신고선수'로 만들었다.

 등록금을 벌기 위해 휴학을 하고, 최저임금보다 덜한 임금을 받고, 인턴으로 시간을 소모하는 젊은이들에게 사회는 신고선수⁶ 신화를 쓴 '김현수'의 결과를 요구한다. 그러지 못하면 퇴출 공시가 있을 뿐이다. 누군가가 버림받아야 누군가는 살아간다고 학습되었다. 두 누군가 중에서 우리는 어떤 쪽이 될까. 답을 알 수 없는 두려움이 삶의 그라운드를 채운다.

 쌍방울 레이더스. 뭔가 구수하면서도 여전히 찝찝한 유니폼 디자인, 열악하다 못해 B급 유머의 분위기를 풍기던 홈 경기장, 원래의 직장에서 보호선수의 울타리 밖으로 내몰려 이곳에 와야 했던 선수들의 마지막 몸부림, 싸구려 모텔에서 지내야 했던 원정길.

 그들의 짧은 역사는 포맷하고 싶은 한국 야구의 어두운 구석일지도 모른다. 하지만 그곳에도 엄연히 사람이 있었다. 선수가 있었다. 그들을 조건 없이 응원하던 팬이 있었다. 그것으로는 충분치 않나. 충분하지 않다고 우리는 거침없이 판단했다.

고등학교를 졸업할 때, 쌍방울을 대신하는 새로운 구단이 탄생했다. 대한민국을 대표하는 대기업이고, 연고지 또한 쌍방울의 연고지에 비해 대단히 큰 도시였다. 장밋빛 미래가 보이는 것 같았고, 실제로 몇 년이 지나 그들은 아주 좋은 야구를 보여주었다. 아이러니하게도 쌍방울의 짧은 전성기와 쇠락기의 감독이었던 김성근은 SK의 전성기를 이끌어갔다.

그로부터 십 년이 넘는 시간이 흘렀다. IMF를 벗어나고 나서도 우리에게는 수많은 위기가 찾아왔다. 아니, 지금이 위기라고 늘 말해왔다. 앞으로도 위기는 끝없이 초인종을 누를 것이다. 위기를 벗어나기 위해 버려진 것들을 생각한다. 버려질 것들을 생각한다.

쌍방울 레이더스의 마스코트는 야구공에 사람의 얼굴을 그려놓은 것이었다.

문 : 지금 우리는 사람의 얼굴을 하고 있나?
답 : International Monetary Fund.

또, 틀렸다.

어느 마지막 게임

대체로 대학생이라 불리는 이 땅의 젊은이들은 몇 가지 간단한 의무와 권리를 가진다. 등록금을 낼 권리, 어학연수를 갈 권리, 여러 소비를 지향할 권리. 거기에는 당연히 의무가 따른다. 돈 많은 부모를 만날 의무, 사업수완을 발휘해 인터넷 쇼핑몰을 대박 낼 의무, 혹은 아르바이트를 할 의무. 주위에 있는 젊은이의 대부분은 쉽게 포기할 수 없는 여러 가지 권리를 위해 마지막 의무를 열심히 한다. 물론 그것은 아르바이트.

서와 백은 의무와 권리의 함수에 놓여 남들처럼, '일'하고 있었다.
과외와 공사판, 노래방과 세차장, 주유소와 편의점 등. 저렴한 노동의 대가를 치러주는 곳은 많았다. 두 친구는 최저임금보다 낮은 급여를 받으며 여러 일터를 원포인트릴리프 one point relief[1] 식으로 전전했다. 그리고 지금은 야구장. 초등학교 시절, 가방에 컵라면과 사이다를 담고 찾아가던 바로 그곳이다. 유년시절부터 팬이었던 팀의 일부가 되어 돈까지 번다는 번듯한 자부심은 잠깐이었을 뿐, 연봉 1억의 선수와 상대적으로 비교되는 시봉時俸 4천원의 박탈감은 그들을 되도록 대충 일하게 했다.

1. 원포인트릴리프(one point relief)
훌륭한 투수의 자질 중 하나는 이닝 소화 능력이다. 많이 던져서 잘 막으면 괜찮은 투수라 평가된다. 원포인트릴리프는 그렇지 않다. 사람들은 그들에게 지금 타석에 선 단 한 명의 타자를 잘 요리해줄 것을 기대한다. 이들은 경기 시간을 길게 끄는 요인이 되지만, 이들이 등장할 때 각 벤치에서 벌이는 눈치싸움은 야구를 흥미롭게 하는 요소이기도 하다. 어쨌든 그들은 '하나만' 잘 처리하면 된다.

  백은 사회적 성공과는 거리가 먼 집안에서 태어나 이사를 자주 다녔고, 그로 인해 박탈감과 패배감에 휩싸이기 쉬웠던 자신의 청소년기를 그가 응원하는 야구팀 덕분에 일정 부분 극복할 수 있었다. 서는 골수팬인 아버지가 어머니와 한랭전선을 이룰 때면 아버지 손을 잡고 주중 3연전이고, 주말 3연전이고 계속해서 야구장에 가야만 했다. 백과 서, 고향 친구 모두가 장삼이사, 필부필부, 갑남을녀, 마찬가지였다.

  서와 백은 사이좋게 정문을 맡았다. 정문에서는 야구가 안 보인다. 서와 백은 아르바이트 학생 중 막내였고, 그래서 야구를 볼 수 없었다. 그러나 일은 가장 많았다. 공짜로 들어오려는 불량한 관중을 색출하고, 그들을 막아야 했다. 많은 사람이 5회가 넘어가면 당연히 경기장에 그냥 무료로 들어갈 수 있다고 생각했다. 이봐, 야구를 보려면 돈을 내라고.

  서는 수신상태가 만취상태인 무전기를 들고 시간을 때웠다. 이럴 때 시간은 대부분 느리게 지난다. 백은 매표소의 누나들에게 농담을 걸었다. 눈에 훤히 보이는 홈팀의 쇠락에 관중은 날이 갈수록 줄어들었고, 그런 이유로 일이 손에 익은 뒤로는 한가한 기분까지 들었다. 가끔 안면 있는 사람들을 한껏 생색을 내며 경기장으로 슬쩍 들여보내도 그들

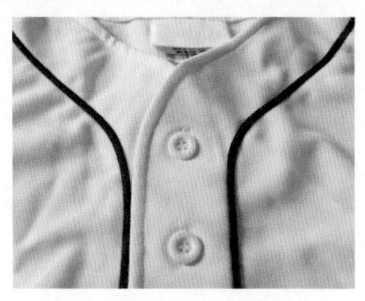

에게 잔소리하는 사람은 없었다. 야구가 인기 없던, 그런 날들도 있었으니까.

서는 무엇보다 조끼가 싫었다. 업무용 조끼에는 모 기업의 과자 이름이 빼곡히 채워져 있었다. 터무니없이 명랑한 글씨체로, '맛동산' '홈런볼' '아이비' '오예스'…… 과자를 아무리 사도 망할 회사는 망할 것이었다. 사실 그 회사는 이미 고꾸라졌고, 조끼 또한 이 년이 넘는 동안 교체 한 번 되지 않아 곳곳에 터진 실밥이 보였다.

봄이 지날 무렵 대형 루머가 들려왔다. 백은 말했다. 이제 조끼 대신에 티셔츠를 주지 않을까? 엔터프라이즈라고 크게 박혀 있겠지. 아마 다른 팀처럼 멋들어지게 회사 이름만 있을 거야. 메이저리그처럼 도시 이름만 적혀 있을지도 몰라. 아냐, 아니다. 과자 이름만 아니면 된다. 그것도 망한 회사의 과자 이름 따위. 서는 오예스를 입에 물고 생각했다.

오늘은 과자를 팔던 회사의 이름이 마지막으로 쓰이는 날이다. 서와 백이 지각을 면하기 위해 탄 택시의 기사님마저 오늘이 마지막이라며 혀를 끌끌 찼다. 겨우 제시간에 들어간 준비 미팅에서는 오늘 관중이 많이 올 것이니 더욱 수고해달라, 팀장이 말하였다.

지나가는 단장님의 눈이 충혈되어 있었다. 먼발치에서 보아도 레이저가 나오는 것 같았다. 검은 눈동자에 빨간 눈빛이라니. 한때 리그의 모든 팀을 공포로 몰아넣던 컬러다. 어쩜, 레이저까지 빨간색일까! 하지만 홈에서 그들은 흰색 옷을 입게 되고, 상의 유니폼 색과 마스코트 이름은 전혀 바뀌지 않는다고 했다. 그럼 뭐가 바뀌는데? 주인이. 음, 그러니까…… 과자가 자동차로, 음 그러니까, 음, 이름이 바뀐다니까!

역시나 많은 관중이 경기장을 찾았다. 백과 서는 평소의 몇 배나 되는 관중의 압박에 눌려 팔과 다리를 마구 움직이며 지상으로 땀을 투하했다. 허둥지둥, 난리법석이다. 이상하게도 사람은 많은데 흥성흥성하지 않다. 그래도 팩소주는 불티나게 팔리는 모양이었다. 입장 때부터 팩소주를 들이켜 얼굴이 불콰해진 관중이 보인다. 요주의 인물이지만 어쩐지 표정이 슬프다고 서는 생각한다. 백은 짧은 옷을 입은 젊은 여자를 보고 있다. 여름은 즐겁다고 백은 생각한다. 날씨는 덥고 습하다. 이상한 쓸쓸함이 공기를 짓누른다. 지고 이기고가 상관없는 날도 있는 거라고, 더위에 축 늘어진 팀의 깃발이 말했다. 그것도 내일이면 버려질 것이다.

2. 바람의 아들

외환위기와 함께 일본으로 건너간 이종범의 별명. 그는 진출 후 몸에 맞는 볼로 부상을 당하기 전까지 꽤 쏠쏠한 활약을 펼쳤다. 특히 몸을 아끼지 않는 도루가 일품이었다. 나고야의 태양(선동열)에 이은 바람의 아들이 탄생하는 순간이었다. 그러나 팔꿈치에 볼을 맞고 쓰러진 이후, 그는 급속도로 폼이 무너졌고, 일본에서 끝내 명예를 회복하지 못했다. 이제는 '아들'이라는 호칭이 어색한, 나이 사십의 중년이 되었지만 그는 여전히 그라운드의 흙을 밟고 어린 선수 못지않게 뛰어다닌다.

새로운 팀과 새로운 출발을 함께할 대스타가 있다. 바람의 아들[2]이 돌아온 것이다. 바람마저 무등산 아래로 다시 불러온 새 구단주. 그는 전 주인에 비해 엄청난 부자다. 그들은 과자가 아닌 자동차를 판다. 자동차를 파는 회사가 설마 팀의 주축 선수를 팔거나 하진 않을 것이다. 아니, 좋은 선수를 시장에서 사올 것이다. 이제 타이거즈는 좋은 성적을 거둘 것이다. 아니, 연속 우승을 거듭해 새로운 왕조를 만들 것이다. 비가 오면 고개를 내민다는 야구장의 물방개는 사라질 것이다. 아니, 최신식 돔구장이 뚝딱 건설될지도 모른다!

아무리 좋은 생각을 하고 또 하고 계속해도 입꼬리는 올라가지 않고 눈꼬리는 내려갔다. 서는 말했다. 이별에 대한 예의랄까. 백이 말했다. 그럼 헤어진 다음 날 딴놈 만나는 거네. 웃었다. 농담의 끝에 함성이 들려왔다. 오늘까지 진다면 마지막까지 지는 셈인가. 이별에 대한 예의라고 할 수 있지. 웃었다. 왜 웃긴데 슬프지? 왜 슬픈데 웃기지? 알 수 없는 감정이 야구장에 가득 차, 이상한 철렁거림이 되었다. 액체 함성이었다.

함성 속에서 사람들은 각자 소리를 내고 있었다. 서는 서랍장 구석에 아직도 간직돼 있을 시뻘건 점퍼를 생각했다. 점퍼 찢어지는 소리가 함성에 더해졌다. 백은 할아버지와 할머니와 아버지와 어머니와 함께 왔던 야구장의 풍경을 기억했다. 시끄러운 소리에 놀라 자꾸 가슴을 쓸어내리던 할머니가 생각난다. 돌아가신 할아버지를 부른다. 촉촉한 소리가 함성에 더해졌다. 함성이 점점 더 이상하게 물컹해지고 말랑해져 간다. 그런 함성도 있다. 왜 아니겠는가. 서는 이별의 방식에 대해, 백은 만남의 형식에 대해 생각하고 있다.

오랫동안 사귀었던 정든 내 친구여……까지만 가사를 아는 노래를 부른다. 아, 이건 슬픈 거구나! 과자를 파는 회사를 현재성 있는 호명으로 부르는 날은 오늘이 마지막이다. 사람으로 치자면, 죽는 것이다. 과거를 회상할 때에야 허락되는 이름이므로, '오랫동안 사귀었던 정든 내 친구'가 맞긴 맞는 모양이었다. 헤어질 연인의 이름을 연호한다. 돌아온 대스타의 이름을 연호한다(그는 7회 즈음에 이미 자리를 뜨고 없었다). 새로 만날 이름을 연호한다. 슬퍼하다가 신나한다. 신나하다가 슬퍼한다. 여럿이고 하나이며 기이하고 평범한 목소리가 어깨동무를 한 채 2001년 7월 29일을 기념하고 있다.

만취상태의 무전기에 급한 소리가 수신된다. 남은 기념품이 정문으로 감. 남은 물품이 정문으로 감. 질서 유지하고 나눠주기 바람. 슬픔을 공유하던 사람들이 경기장을 빠져나오다, 옛 이름이 적힌 기념품을 받기 위해 몰려온다. 서와 백은 다시 팔과 다리를 혼곤하게 흔들면서, 목소리를 높이면서, 이미 망한 회사 이름이 선명하게 적힌 공과 배트와 막대풍선 따위를 나른다. 함성이 불평으로 바뀌고 어깨동무가 새치기로 바뀐다. 아르바이트의 대표적인 의무, 이유 없이 욕을 먹는 것. 백과 서는 함께 기억을 공유해 더욱 슬픈 사람들에게 거칠고 싫은 소리를 듣는다. 하지만 그것보다 더 큰 문제.

망할! 퇴근이 늦어지고 있잖아!

# 모두가 당신만
# 바라보았던 어느 날
_퍼펙트게임(perfect game)

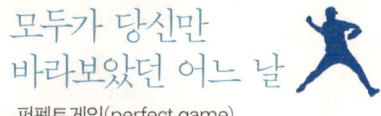

모든 실패의 기록에는 탄식이 따르게 마련이다.

퍼펙트게임은 완벽한 투수를 상징한다. 그리고 세상에는 완벽한 투수가 생각보다 많았다. 당시 리그에서 박철순 장명부 최동원 선동렬 정민태 등을 누가 감히 완벽하지 못하다 말할 수 있겠는가. 그러나 우리나라 프로리그에서 퍼펙트게임은 아직 한 차례도 기록되지 않았다. 완벽한 투수라도 완벽한 게임을 만들 수는 없다. 그것은 어려운 일이다.

얼마나 어렵냐면, 정말로 어렵다.

단 한 명의 타자도 1루를 밟는 일이 없어야 한다. 타자들은 평균적으로 출루율이 3할(타율로는 힘들지만)은 넘는다. 그런 타자들을 27명 연속으로 잡아내야 하는 것이다. 복잡한 수학식 계산을 들이밀지 않아도, 충분히 어려움이 예상되지 않는가. 내 인생 최대의 적은 수학이었다. 확률계산은 독자들에게 맡기겠다.

그래도 미스터 퍼펙트로 불릴 만한 완벽한 투수가 등장한다면 가능하지 않을까? 그게 그렇게 쉽지가 않다. 얼마나 쉽지 않으냐면, 정말로 쉽지가 않다. 완벽한 투수가 완벽하게 모든 공을 던진다는 보장도 없지만, 더 보장이 안 되는 일은 따로 있다. 그건 투수들 뒤에 서 있는 야수들이다.

기본적으로 투수는 야수의 도움을 받는다. 투수가 혼자 힘으로 모든 아웃카운트를 잡는 것은 불가능하다. 평범한 타구든, 잡기 어려운 타구든 어쨌든 야수가 잡아서 타자를 죽여야 하는 것이다. 그것을 보살[1]이라고 한다. 보살, 이 얼마나 이웃 사랑이 넘치는 단어인가. 투수에게 야수는 부처님이다. 가끔 에러 한다고 욕하며 째려봐서는 될 일도 안 된다. 그리고 좋은 투수는 당연하게도 그런 짓은 하지 않는다.

야수들이 실책을 범하거나, 잡을 수 있는 타구를 놓치거나 할 때, 퍼펙트게임은 성립되지 않는다. 반대로 안타가 될 타구를 호수비로 잡아줄 때, 퍼펙트게임의 가능성은 높아진다. 퍼펙트게임은 투수와 야수가 함께 만드는 앙상블인 것이다.

우리 팀 야수만 잘하면 되는가? 상대방 타자의 도움도 필요하다. 야수가 아무리 재빠르고 수비가 견고해도, 타구란 못 잡을 곳으로 날아가게 마련이다. 강한 투수일수록 타구는 이상한 공간으로 잘 날아간다.

---

1. 보살

불교에서 보살(菩薩)은 부처가 되기 위해 수행을 하는 사람이지만, 야구에서 보살(補殺, Assist)은 살생(아웃카운트를 늘리는 일)을 돕는 사람이다. 이는 타자가 친 야구공의 진행 방향을 바꿔 타자를 아웃시킬 수 있게 하는 플레이를 말한다. 쉽게 말해, 야수가 송구를 해서 타자를 잡으면 보살이다. 내야수는 많은 보살을 기록하지만, 보통 외야수는 그렇지 못하다. 가끔 좌익수가 빨랫줄 송구로 홈에서 주자를 잡아낼 때도 있는데, 그것이 바로 보살의 진수 중 하나다.

2. 텍사스 안타, 바가지 안타

빗맞은 타구가 누구도 잡을 수 없는 빈 공간으로 떨어져 생긴 안타. 1980년대 텍사스 리그에서 자주 생겨서 이런 이름이 붙었다고 한다. 타자 입장에서는 행운의 안타다. 수비하는 선수들끼리 공 잡기를 미루다가 발생하기도 한다. 어떻게든 잡으려고 뛰어들다 야수끼리 부딪혀 부상을 입기도 한다. 하지만 대부분은 그냥 이상한 곳에 톡, 떨어져 안타가 된다. 어쨌든 안타다.

그것을 미국의 어느 도시의 이름을 따 '텍사스'라고 부른다. 혹은 '버뮤다 삼각지대'라고 하거나 때론 '바가지²'라고도 한다.

이상한 곳에 떨어지는 안타는 누구의 탓도 아니다. 그저 하나의 안타다. 이런 타구조차 나오지 않아야 퍼펙트게임이 완성되는 것이다. 투수는 부디 상대방 타자들이 어설프게 방망이를 휘둘러 빗맞은 안타가 나오는 일이 없길 바라야 한다. 배트 정면에 맞는 공은 야수 정면으로 가기 쉽다. 퍼펙트로 달려가는 경기 막판이라면, 제발 정타로 쳐주시라고 상대방 타자에게 부탁해야 할 타이밍일지도 모른다.

포수는 어떤가. 사실 좋은 투구의 절반은 포수에게서 비롯된다. 흥분한 투수를 다독이고, 타자를 분석해 볼 배합을 하고, 무엇보다 투수의 공을 잘 받아줘야 한다. 포수의 미트에서 평, 평, 하는 소리가 괜히 크게 들리는 것이 아니다. 일부러 소리가 나게 받는 법을 대부분의 포수는 알고 있다.

감독이나 투수코치는 무얼 할까. 그들은 수비 시프트를 이용해 안타가 될 타구를 잡아내기도 하고, 투수의 컨디션을 체크하며 게임 중간중간에 조언도 해줄 것이다. 이런 조언으로 투수는 3회까지는 강속구

를 던지고 그 이후로는 변화구를 던져서 타자들의 타이밍을 뺏을 수 있다.

팬들도 중요하다. 땀을 뻘뻘 흘리며 대기록에 다가가는 그에게는 팬들의 함성이 필요하다. 그의 연봉은 구단주가 오너인 대기업의 자동차나 스마트폰, 기름 등을 열심히 사주는 팬들에게서 나오는 것이다.

가족은 무얼 하나. 그는 가족을 위해 뛴다. 퍼펙트게임도 마찬가지다. 그가 던지는 한 구 한 구에 가족의 행복이 달려 있다. 그는 그의 집안에서 가장 돈을 잘 번다.

구장 관리인은 또 어떤가. 그가 마운드의 흙을 게임 전에 잘 정리해 두었기 때문에 투수가 완벽한 피칭을 할 수 있는 것이다.

상대방 투수는 어떤가. 퍼펙트를 노리는 사나이만큼은 아니지만 그도 효과적인 투구로 대기시간을 너무 길거나 짧지 않게 유지하도록 돕고 있다.

방송 캐스터와 해설자는 어떤가. 말을 뱉으면 재수가 없어진다는 속설 때문인지 6회 이후로 그들은 애써 퍼펙트 이야기를 안 하는 노고를 보이고 있다.

하늘의 구름도 투수의 편이다. 오전까지 비를 뿌리던 구름이 습기를 머금고 떠 있기 때문에 공이 투수의 손에서 더 강력하게 긁히고 있다.
야구장의 벌레도 빼놓지 말자. 말벌과 모기와 하루살이와 파리들도 투수가 집중할 수 있도록 자취를 감췄다.

야구장의 만물이 투수를 보우함에도 불구하고, 9회에 퍼펙트는 깨졌다.

손에서 빠진 공이 타자 쪽으로 갔고, 타자는 피한다고 몸을 숙였으나, 유니폼에 공이 스치고 말았다.

같은 팀 선수들과 감독과 관중이 탄식했다. 심지어 공에 맞은 선수와 선수의 유니폼도 탄식했다. 모두 너를 도왔는데, 결국 이렇게 됐구나.
그는 그저 직업상 공을 던졌을 뿐인데 주위의 모든 살아 있는 것들은 뭔가 엄청난 것을 기대했다. 그것은 퍼펙트게임이라 불리는 불가능성에 대한 염원이었다. 확률로는 가능하지만 거의 불가능한 일이다.

'그러니까 너무 기대하지 말아줘. 부담스러우니까. 결국 실패하리란 걸 모두 알고 있었잖아. 어깨가 무거운 건 정말이지 질색인데.'
 실패와 동시에 들리는 탄식소리에 그는 무너졌고, 연속 안타를 맞았다. 마무리 투수로 교체되었다. 그가 남긴 주자들은 마무리 투수에 의해 모두 점수가 되어 들어왔고, 그날 그는 3실점 패전투수가 되었다.

 오로지 당신에게 집중해야 할 시간이 있다. 어쩌면 우리에게 주어진 시간 전부가 그러할지도 모른다. 주위의 기대는 잊어라. 안타는 맞겠지만, 그것이 '나'를 위한 게임. 나 자신만 바라보자.
 결국 실패하겠지만, 다음 등판이 남아 있다. 실패의 예정, 그리고 도전. 사는 것 자체가 '퍼펙트게임'이니까.

금메달을 닮은 맥주

시드니올림픽이 한창일 때 우리는 대학 새내기였다. 시간이 흘렀다. 어느덧 우리는 새내기들이 그렇게 피해다닌다는 대학 예비역이 되었다. 우리에게도 캠퍼스의 낭만이 있었고, 동갑내기 여자친구도 있었다. 물론, 그냥 동기일 뿐인 여자애들이 훨씬 많았다. 몇몇은 시집을 가거나 취직을 했다. 대부분은 연락이 닿지 않아 시집을 갔는지, 취직을 했는지 알 수 없다. 우리와 사귀어주었던, 애인이었던 친구들은 주로 후자에 속했다. 뭐라 콕 집어 말할 수는 없지만, 이유를 알 것도 같았다.

그사이 우리는 국방의 의무를 다한 사내가 되었다. 아저씨와 학생, 그 사이에 낀 존재가 되어 도서관을 부유한다. 대학에 들어온 지 8년. 휴학과 복학을 거듭한 우리는 이제 막 졸업했거나 졸업반인 상태다. 참고로, 지금 새내기들은 우리가 대학생이 되었을 때 초등학교 5학년이었다. 휴학계를 내고 공무원 시험을 2년째 보고 있는 녀석, 역시 휴학계를 내고 사교육의 처마 아래에서 강사일로 돈 버는 녀석, 오래 준비한 편입시험에 실패하고 다시 학교로 돌아가 후배들 사이에서 적응 못 하고 헤매는 녀석, 대학원으로 피신해 독일철학 공부한다며 점점 수척해지는 녀석, 그리고 시 쓴답시고 여전히 산보중인 나.

한심한 청춘들이 대학로 유흥가에 떼로 몰려가 싸구려 안주에 술을 마시곤 한다. 그들이 우리라는 걸 애써 부인하진 않겠다.

오늘은 쿠바와 금메달을 다투는 날이다. 눈 떠보니 2008년이었는데, 다시 눈 감았다 떠보니 여름이고 올림픽의 마지막 밤이다. 엊그제 예비군 훈련을 함께 받은 우리는 야구선수들의 군 면제 여부에 촉각을 곤두세웠다. 그냥 안 갔으면 좋겠다고 생각했다. 내가 군대를 다녀왔으니, 너도 당연히 가야 한다고 인상 쓰진 않았다. 한심한 청춘이었지만 독한 청춘은 아니었다.

꼭 군대 때문은 아니겠지만, 재기발랄하던 우리는 시들시들해져 사회로 돌아왔다. 교수님께 더 깍듯한 자세를 취할 수 있게 되었다. 선배들을 더 공손히 대할 수 있게 되었다. 후배들이 유난히 개념 없어 보이게 되었다. 그러니까, 군대를 가야 남자인 건 맞는데, 그 남자가 너무 너무 남자여서 탈.

당신들은 남자가 되지 말고 그저 멋진 야구선수가 되었으면 좋겠다고 소망했다. 4강에서 올림픽 야구 대표팀은 일본을 만났다. 일본을 이

1. 병역 면제

운동선수에게 병역은 보통 젊은이와는 다른 무게의 압박감으로 느껴질 것이다. 그러나 피할 방법은 많지 않다. 올림픽에서 동메달 이상을 따거나, 아시안게임에서 금메달을 따는 것이다. 단순명료한 기준은 각기 다른 종목의 특성은 전혀 고려하지 않은 채, 선수들에게 이 년마다 국위를 선양하라고 강요한다. 그러지 못하면 그들은 군대를 간다. 그곳은 누구나 가야 하지만, 되도록 가고 싶지 않은 곳이기도 하다.

기면 은메달을 확보함과 동시에 병역 면제[1] 확정이었다. 결국 한국이라고 불리는 국적이 일본이라고 불리는 국적을 이긴 것이다. 일본을 이겨서인지, 군대를 가지 않아서인지 모르겠지만, 당신들과 우리는 함께 기뻐했다. 아무려면 어떤가. 복잡하게 생각하지 말자. 언제 우리가 올림픽 보며 생각이란 걸 했다고.

불과 몇 년 전, 우리는 훈련소의 하기식에서 내려가는 태극기를 바라보며 가슴에 손을 얹고 있었다. 그러다 황급히 거수경례를 했다. 군대의 인사법은 훈련병들에게 낯설고 냉정했다. 오후에는 각개전투 훈련을 했고, 조교들은 성을 부렸다. 모두가 악독했다. 배가 고팠고 밥은 십 분 만에 남김없이 먹어야 했다. 그때 태극기를 보며 무슨 생각을 했던가. 아무 생각 안 했다.

국방부 시계는 어떻게든 돌아갔다. 제대하는 날에는 세상을 다 얻은 것 같은 설렘을 느꼈다. 동시에 삽질 끝에 쏟아지는 홍수 같은 허망함을 느꼈다. 치운 눈 위로 다시 폭설이 쌓이는 허무함을 맛보았다.

병영을 떠나면서 속으로 무슨 말을 중얼거렸었나. 우리는 단골 호프집에서 텔레비전이 가장 잘 보이는 자리를 차지하고 앉아 세상에서 가장 쓸데없는 이야기를 했다. 군대 이야기.

　이런 한심하고 비윤리적이며 재미는 하나도 없고 신빙성도 극히 미미한 대화가 계속되는 동안, 광고는 길게 이어졌다. 결승전 상대는 쿠바다. 우리는 야구를 자본주의 스포츠의 최고봉으로 알았는데, 쿠바라니. 쿠바는 베이징에 입성하기 전, 서울을 베이스캠프로 삼고 한국 대표팀과 평가전을 펼쳤다. 쿠바가 다 이겼다. 4강이 확정된 후, 조별리그에서는 한국이 이겼다.

　박태환이 수영에서 금메달을 따고, 양궁, 사격, 태권도, 유도 등에서 메달이 쏟아졌다. 오, 스포츠 강대국의 위상! 몇백억의 경제효과! 강대국이란 말은 사람들을 기분 좋게 한다. 돈도 마찬가지다. 금메달 수로 강대국이 되는 건 당연히 아니겠지만, 올림픽 때는 그저 기분 좋고 만다. 그게 정말 좋은 일인지는 모르겠다.

　그리고 드디어 스포츠 강대국이 되는 마지막 여정. 우리가 사랑하는 야구. 그들의 결승전.

　사실 아마추어 정신을 기반으로 하는 올림픽 역사에 야구는 썩 어울리는 종목이 아니다. 올림픽이 올림픽 정신을 과감히 버리면서 야구는 정식종목이 될 수 있었다. 1988년 서울올림픽에서는 시범경기임에도 불구하고 메달 획득을 목표로 한 협회의 계획에 따라 송진우, 조계현 등의 선수가 프로에 1년 늦게 진출해야 했다. 그렇지만 4위. 메달은 없었다. 1992년에는 예선탈락으로 바르셀로나에 가지도 못했다. 1996년까지 아마추어로 꾸려진 대표팀은 참가에 만족해야 했다.

메달을 목표로 하고 프로선수가 참가한 최초의 대회는 2000년 시드니올림픽이다. 이승엽은 마쓰자카의 직구를 통타, 동메달을 확정짓는 안타를 만들어낸다. 사실 4강전에서 만난 미국도 제대로 된 판정만 있었다면 충분히 이길 수 있는 상대였다. 2004년 아테네올림픽은 프로선수가 참가했음에도 대만에게 역전패, 지역예선을 통과하지 못했다. 아마도 이 시기가 야구의 암흑기였을 것이다.

그리고 2008년이다.

한국은 미세한 점수 차로 앞서나간다. 전날 게임에서 역전홈런을 때린 이승엽이 시작하자마자 경기장 밖으로 공을 보내버린다. 이용규의 활약으로 추가점을 뽑고, 쿠바도 추격을 감행, 점수는 이제 한 점

차, 그러는 동안 학원강사 녀석은 깐깐한 원장 욕을 해댔다. 수업중인데 벌컥 문을 열고 들어와 태도가 불량한 학생을 데리고 나간다고 했다. 복학생 녀석은 애들이 인사를 안 한다고 투덜거렸다. 어쩌다 인사하는 후배들도 자신을 선배가 아닌 시간강사로 착각한 모양이랬다. 수험생 친구는 공무원 채용이 자꾸 줄어든다며 걱정이 이만저만이 아니었다. 대학원생 놈은 올해 장학금이 다 잘렸다고 낮은 목소리로 시무룩했다. 나는? 시집 나오면 다섯 권씩 사라고 친구들 협박이나 하고, 이러고 있다.

9회말. 괴상한 방식으로 각성한 심판의 변덕으로 인해 1사 만루의 위기에 처했다. 안타 하나면 2루 주자까지 홈으로 들어와 끝내기 역전패를 당할 판이다. 혼자서 보는 야구였다면 약한 심장을 견디다 못해 잠시 다큐멘터리 채널로 돌려버렸겠지만, 친구들과 함께라서 버텨낼 수 있었다.

식어버린 치킨과 생맥주를 앞에 두고 기도하는 자세로 텔레비전을 올려다봤다. 그리고 정대현이 공을 던졌고, 쿠바 선수가 힘차게 때렸고, 박진만이 잡아서 고영민에게 토스했고, 고영민이 불안한 자세로 이승엽에게 러닝스로 했다. 더블 아웃. 게임이 끝났다. 금메달이다.

온 동네 젊은이들이 정규직에 취업이라도 한 듯 기뻐 날뛰었다. 함성이 밤하늘을 뒤덮었다. 그리고 사라졌다. 엉겁결에 끌어안기까지 한 우리들은 어색하게 다시 자리에 앉아 건배를 한다. 둥근 잔에 담긴 맥주는 참말로 금메달을 닮았구나. 숭고해서 못 먹겠다. 소주를 타서 다 먹어 없애버리자. 지랄한다. 재미없다. 너 유머가 점점 줄어서 큰일이다. 맥주나 더 시켜라. 소주도 시켜라. 사장님 여기 삼천 더요. 소주도요. 이효리가 광고하는 거로요. 난 그거 싫은데? 아무거나 먹어. 그래서 관둔다고? 카드빚 때문에 좀. 시는 열심히 쓰냐? 모르겠다.

시드니올림픽 때 새내기였던 우리는 베이징올림픽 때 다시 만나서 야구 본다. 여전히 말이 많고 주의가 산만하다. 오늘은 술 많이 마시자. 노래도 부르고 춤도 추자. 혹시 모르지, 우리도 9연승 하고 금메달 목에 걸지도. 연승을 하려면 일단 당장의 게임을 이겨야 한다. 그리고 우리는 당장을 살고 있다.

당장, 빛나는 순간이 아닐지 몰라도, 너희는 너희의 금메달을 목에 걸 거야.

그때도 금메달을 닮은 맥주를 같이 마시고 있으면, 참 좋겠다.
이렇게 쓰고 쑥스러워하고.
이러고 있다.

Part II

2/3 Inning

사실 야구 잘 모르겠다.
그 두근거림에 대해
그 기다림에 대해
설명할 방법이 나에게는 없다.
그저, 단 한순간의 근사함을
상상할 뿐이다.

야구를 하는 것이 즐겁지 않다면
그것은 나에게 더 이상 야구가 아니다
- 조 디마지오 (외야수, 뉴욕 양키즈)

야구장의
제5원소를 찾아서

모든 진리는 믿음이 완결시킨다.

자연철학의 아버지라 불리는 고대 그리스의 철학자 탈레스는 만물의 근원을 '물'이라 하였다. 아낙시메네스는 '공기'가 물질의 기본 원소라 하였다. 헤라클레이토스는 '불'을 원소라고 주장했다. 복잡한 이름을 가진 그리스 사람들은 역시나 복잡한 세상사의 원리를 몇 가지 원소에서 비롯된 것으로 인식했다. 그러한 인식은 현재의 과학에서도 어느 정도 유효하다.

시칠리아의 엠페도클레스는 위의 인물들보다 조금 더 유연한 생각을 갖고 있었다. 원소가 하나뿐만이 아닐지도 모른다는 의심이 그것이다. 그는 만물을 이루는 기본을 '공기, 물, 불, 흙' 등 네 가지 원소라고 생각했다. 그리고 낭만적이게도 그것들의 결합과 분리하는 힘이 '사랑'과 '미움'에서 온다고 주장했다.

이대호가 인사이드더파크 홈런[1] 치고 이대형이 3연타석 홈런 치는 소리[2]로 들리는가?

그러나 위에 열거된 4원소설은 훗날의 과학자에게 많은 영감을 주었

1. 인사이드더파크 홈런
(Inside-the-Park Home Run)

야구공이 경기장 밖으로 나가지 않고 필드 안에 머문 상태에서 기록되는 홈런이다. 타자가 다이아몬드를 한 바퀴 돌아 홈으로 들어올 때까지 야수들이 실책 아닌 실책을 범하면서 어느 정도 더듬거려야 가능하다. 이 와중에 실책이 인정되면 홈런으로 기록되지 않는다. 타자의 발이 빨라야 함은 기본. 이런저런 이유로, 넓기로 유명한 사직구장 장외홈런만큼이나 나오기 힘든 홈런이다.

2. 연타석 홈런

빠른 발과 야구센스를 무기로 하는 선수들이 연이어 두 타석 홈런을 칠 확률은 아무래도 적다. 야구의 꽃은 홈런이다. 홈런은 시원하다. 이승엽의 결정적인 홈런들, 한대화의 세계야구선수권 일본전 3점 홈런, 마해영과 나지완의 한국시리즈 끝내기 홈런, 이대호의 홈런

으며, 과학 발전의 멈추지 않는 동력이 되었다.

그리고 이 원소들(공기, 물, 불, 흙)은 보이지 않는 손에 의해 끊임없이 연금되어 우리를 야구장으로, 야구장으로, 가고 또 가게 만들고 있다. 믿거나 말거나. 그러나 이 글을 읽는 동안만은 (제발) 믿어달라.

제1원소. 공기

우리는 하루에 몇 번 정도 하늘을 볼까. 여우비 내리는 날, 구름이 희한하게 예쁜 날, 대책 없이 맑은 날, 별이 많은 날, 외로운 날, 서러운 날, 그저 그런 어느 날에도 우리는 하늘을 본다. 하늘은 비가 오든 눈이 오든 바람이 불든 어쨌든 거기에 있는 녀석이고, 그런 이유에서인지 우리는 오래전부터 존재를 알 수 없는 누군가에게 기도를 할 때, 녀석의 이름을 붙이곤 했다.

바쁜 일상이 덩치 큰 1루수처럼 우리를 압박해오면, 우리는 하늘 한 번 보고 크게 심호흡할 여유조차 잃기도 한다. 그럴 때 일어나는 작전미

퍼레이드…… 야구팬은 행복
하다.

스, 우리는 번트도 제대로 못 대는 타자라고 감독에게 혼나기 십상이다.
 야구장에서는 하늘을 자주 봐야 한다. 야구 경기의 백미인 홈런은 아름답고 늠름한 포물선을 그리며 하늘 저 멀리 날아간다. 그런 이유로 관중들은 공이 높게 뜨기만 해도 곧잘 소리를 지르곤 한다. 그것이 평범한 우익수 플라이라 해도, 함성 뒤의 아쉬운 탄식까지 하늘 위로 함께 날아가는 것이다. 낮경기의 파란 하늘과 밤경기의 까만 하늘, 그 사이를 날아가는 하얀 공의 율동과 함성과 탄식이 뒤섞인 약간은 쓸쓸한 장관. 야구장만이 선사할 수 있는 그림이다.
 프로야구는 통상 6시 30분에 시작해 10시를 전후해 끝이 난다. 해가 저무는 시간의 야구장은 무엇보다 아름답다. 해는 뉘엿뉘엿 제 몸을 기울이고, 조명탑에 불이 하나둘 켜질 때다. 밤과 낮의 아스라한 경계가 야구장 위 하늘에서 서로의 손목을 맞잡는다. 어두워지는 하늘과 밝아지는 조명탑이 교차하는 순간, 어디선가 불어오는 바람(공기의 이동). 야구장에 가야 하는 가장 근사한 이유가 여기에 있다.
 하늘과 바람과 공기는 그렇게 야구장을 구성하고 사람들을 유혹한다. 응원하는 팀의 불펜이 무너져 어이없는 역전패를 당했는가? 실책이 계속 이어져 대량 실점을 했는가? 선수들이 경기를 포기한 모양새로 설렁설렁 뛰는가? 힘들 땐 가끔 하늘을 보자. 괜찮아질지도 모른다. 대개는 아마 안 될 거다. 그러나,
　당신은 이미 야구장.

제2원소. 물

　냉면 없는 여름을 생각할 수 없다. 맥주 없는 여름은 지옥이다. 절인 무 없는 치킨은 존재할 수 없고, 맥주 없는 치킨 또한 상상할 수 없다. 야구장 또한 마찬가지 아닌가. 맥주 없는 야구장이라니. 승패가 무슨 대수고, 치어리더는 어떤 소용이며, 치킨은 무슨 맛으로 먹을까.
　맥주는 야구장 음료계의 부동의 강자다. 팩소주 또한 운치가 있지만 갈증을 해소해주진 못한다. 가끔 맥주에 팩소주를 섞어 마시는 관중 또한 있다. 이런 관중들 중에 소수는 제 몸을 못 가눠 경기장으로 난입하거나, 캔 같은 이물질을 경기장에 던지는 경우가 있다. 폭탄은 어디서

나 조심해야 한다.

당신과 친구는 운수 좋게도 1루 응원석 황금 자리에 앉아 있다. 이상하게도 일찍 온 편이 아니었는데 두 자리가 딱 비어 있었다. 만년 꼴찌 팀을 당신들은 사랑한다. 저주 받은 운명을 공유하는 친구와 당신은 둘의 뜨거운 우정을 굳건한 닭다리 둘로 확인한다. 세 개면 뭔가 이상한 거고, 둘에게는 둘이 좋다.

치킨은 방금 튀긴 듯 바삭하니 맛이 좋았다. 맥주를 들이켠다. 치킨을 먹는다. 목이 텁텁하니 맥주를 계속 마신다. 팀이 꼴찌여서가 아니다. 치킨이 목에 걸려서다. 사레가 들려도 콜라는 안 된다. 우리에게는 맥주가 있다.

진즉 붉어진 얼굴 앞에서 경기는 시작된다. 줄무늬 유니폼의 상대팀이 선발 투수의 공을 연속해서 빈 공간에 떨어뜨린다. 친구와 당신은 연거푸 맥주캔을 비운다. 열 번에 여섯 번을 넘게 지는 우리 팀. 세 번 넘게 이기는 당신의 팀. 이기는 그날이 오늘이었으면 좋겠지만, 당신이 직관하는 날, 당신의 팀은 이긴 적이 없다.

야구는 데이터와 확률의 스포츠다. 팀을 위해 당신은 야구장에 오지 않는 게 좋다. 그러나 당신은 친구와 시원한 맥주를 마시기에 홈팀이 패하는 야구장만큼 좋은 장소는 없다고 생각한다. 그건 사실이다.

  한참을 마시고 즐기는 동안, 게임은 동점이 되었다. 슬슬 올라오던 술기운이 사라진다. 역전찬스에서 투수를 교체하는 상대 팀. 아직 동점임에도 불구하고 특급 마무리가 마운드에 올라온다.

  특급 마무리와 함께 당신의 이뇨작용 또한 활발해진다.

  화장실을 가야 하나. 참아야 하나. 나올 것 같은데. 참자. 참아야 하는데. 아, 어쩔 수 없군.

  잠시 고민하던 당신은 끝내 뱃속의 맥주가 보내는 신호를 이기지 못해 일어난다. 응원석을 굽이굽이 헤치며 화장실에 도착한 당신이 살짝 하반신을 떨 때,

  경기장에서 엄청난 환호가 들려온다.

  끝내기 역전승. 그런데 당신은 왜 화장실에 있나. 요상하게도 오늘은 운수가 좋더라니.

제3원소. 불

야구의 화끈함은 7회 이후부터 시작된다. 그것은 마무리 투수를 '소방수'라고 부르면서부터 시작됐다. 현실에서 소방관들은 진화작업에 헌신적으로 임하며, 그들의 전문성 덕에 대부분의 화재가 더 큰 피해를 부르지 않고 진화된다. 하지만 야구에서 헌신적이고 전문적인 소방관은 매우 귀하다. 8개 팀 중 전문 소방관을 두고 있는 팀은 두세 팀이 되지 않고, 나머지 팀의 불펜 투수는 집단 마무리라는 미명하에 클로저 없는 팀의 멍에를 쓴다. 그래서 팀이 역전패 당할 때마다 각 팀의 열혈 팬들에게 가장 많은 욕을 들어야 하는 보직이 불펜 투수다.

경기 후반, 접전 상황에서 누상에 나간 주자는 '장작'이다. 장작을 태우는 투수는 물론 '방화범'이다. 그들은 경기를 극적으로 만든다. 극적인 스포츠를 우린 보통 '드라마'라 부른다. 펜 한 자루 없이 드라마를 만드는 투수는 '작가'다. 혼을 다해, 그라운드를 불태우는 작가. 하지만 바꿔 생각해보면 작가가 등장하는 것은 그만큼 게임이 접전을 펼치고 있다는 반증이기도 하다. 작가에게는 늘 상대방이 있고, 방망이를 쥔 그들은 활활 타오르는 타격감을 가졌을 확률이 높다.

　불과 불의 만남은 야구가 끝이 없는 게임이기 때문에 가능하다. 프로야구는 정해진 플레이 타임이 없다. 27개의 아웃카운트를 이긴 채로 다 잡아야 비로소 끝이 난다. 당연히 동점이면 연장전을 치러야 한다. 현재 KBO 룰은 12회까지 연장을 치르게 되어 있지만, 한때 끝장승부라 하여 한 팀이 점수를 뽑아 이길 때까지 야구가 계속될 때도 있었다. 동점 상황이 계속된다면 1박 2일 경기도 가능한 것이다. 그런 일이 실제로 일어난 경기, 구단에서는 새벽의 관중들에게 햄버거를 돌렸다. 연인은 더 가까운 인연이 되었다. 집에다 늦는다고 전화해. 이는 가장 야구다운 방식이지만, 우리나라에서는 선수 부족 등의 사정으로 현재의 룰로 곧 바뀌었다.

　경기 후반, 지고 있는 팀의 타자는 역전을 위해 눈에 불을 뿜고, 이기고 있는 팀의 투수는 점수를 지키기 위해 어깨에 불을 단다. 불과 불의 만남. 당신은 홈팀이 11:0으로 이기는 게임만 날마다 보겠는가. 혹은 7:8로 지는 경기도 가끔이나마 보겠는가? 확실히 후자가 야구를 흥미롭게 한다. 좋아하는 팀이 불의 대결 끝에 가까스로 역전을 한다면 당

3. 불규칙 바운드

불규칙 바운드는 야수의 적이다. 땅을 박차면서 글러브로 다가오는 공이 예상 경로를 벗어나 딴 데로 튈 때, 어떻게 반응하느냐에 따라 야수의 실력을 평가할 수도 있다. 불규칙 바운드로 인해 공을 놓친 선수는 머리를 감싸며 안타까워하지만, 지나간 공은 다시 오지 않는다. 불규칙 바운드는 없으면 없을수록 좋지만, 또 완전히 사라진다면 그것 또한 섭섭한 일일 터. 천연잔디와 고운 흙에 의한 야구의 의외성은 받아들일 수 있는 애교로 생각하자.

신은 화장실에서 일을 보는 중간에라도 만세를 부를 사람이다. 그날은 운수 좋은 날이다.

제4원소 · 흙

광어와 우럭은 자연산이 좋듯, 잔디도 천연잔디가 좋다. 우리나라 야구장 주인들(시민일까 공무원일까)이 좋아하는 잔디는 '터프필드 tough field'라 불리는 인조잔디다.

터프필드는 메이저리그에서 건너왔다. 관리하기 쉽고 불규칙 바운드[3]가 덜하다는 장점을 가졌다. 반면에 천연잔디보다 땅을 단단하게 만들고, 타구를 빠르게 한다. 그것은 선수들이 부상 입을 확률이 높다는 말과 같다. 거기에 뜨거운 여름철 지열을 흡수하지 못해 경기장을 사우나로 만들곤 한다.

인조잔디는 천연잔디보다 관리하는 손이 덜 간다. 현재 우리나라의 주요 야구장 중, 인조잔디를 쓰는 구장은 대구, 대전, 광주, 목동 등이다. 천연잔디는 잠실, 사직, 문학 등이다. 시설이 열악하다고 손꼽히는 구장마다 인조잔디를 깔아놓은 것은 과연 우연일까. 천연잔디는 푸르다. 인조잔디는 푸른 것 같다. 이 차이는 생각보다 크다.

당신은 푸른 잔디가 깔린 그라운드를 한눈에 볼 수 있는 자리를 선호한다. 포수 뒤쪽 자리는 그래서 당신에게 알맞다. 그곳은 번잡스러운 응원 열기도 덜하고, 스피커 소리도 적당히 들린다. 그곳은 포수를 제외한 모든 야수가 당신에게 앞모습을 보이며 허리를 굽히는 자리다.

당신은 그곳에서 땅을 내려다보며 타자에 따른 수비위치 변화를 가늠할 수 있다. 2루 주자가 짧은 안타에 3루를 돌아 홈으로 들어올 때의 긴박한 승부를 가장 객관적으로 살펴볼 수 있다. 당신은 무엇보다, 야구장의 구석구석을 빠뜨리지 않고 눈에 담을 수 있다는 점에 만족한다.

맥주와 치킨을 멀리하고 오로지 정면에 보이는 전광판의 기록과 선수들의 위치와 바람의 방향, 그라운드의 상태를 말없이 관망하는 당신은 전통주의자, 혹은 중년의 베이스볼 오타쿠.

이런 당신의 입지는 갈수록 좁아지고 있다. 당신은 도저히 이해가 안 된다.

도대체, 볼썽사나운 치어리더의 짧은 치마는 무엇이며, 그 앞에서 경기를 보는지 혹은 이성의 다리를 보는지 알 수 없는 철없는 수컷들은 무엇인가? 야구 룰도 잘 모르면서 특정 선수만을 응원하며 유치한 코멘트를 알록달록 적은 판때기를 든 저 처자들은 뉘 집 딸들인가? 각종 유행가에 선수 이름을 붙여 넣은 응원가는 누구의 아이디어인가?

당신은 그럴수록 그라운드의 흙 위에서 벌어지는 게임 자체에 더욱 집중하려 노력한다.

당신이 일에 집중할 때 부하직원은 당신을 피하고 뒤에서 당신의 뱃살과 머리숱을 안주 삼는다. 당신이 9시 뉴스데스크에 집중할 때 아들은 입을 다물고 제 방에서 나오지 않는다. 딸은 오늘도 늦는다고 전화가 왔다. 당신이 회식과 2차와 3차에 집중할 때 당신의 부인은 푸석푸석해지며 피둥피둥 살찐다.

아, 왜 사람 집중을 못 하게 해? 당신은 불만이 많은 중년의 베이스볼 오타쿠. 근엄한 표정으로 천연잔디를 노려본다. 음, 저곳에서 불규칙 바운드가 일어나겠군! 박진만 앞으로 가던 땅볼 타구는 갑자기 튀어 올라 선수의 코를 때리고, 유격수는 코피를 흘린다.

어? 이게 아닌데? 정리를 거듭한 경기장에서 기어코 살아남은 작은 자갈처럼, 당신의 마음에 불쑥 외로움이 튀어오른다. 다음 경기는, 온 가족을 끌고 야구장에 오리라. 와서, 나는 그라운드에만 집중해야지.

제5원소, 마음

뤼크 베송의 SF영화 〈제5원소〉에는 몇 년 후에 미래도시에서 좀비와 피 튀기며 싸울(〈레지던트 이블〉) 밀라 요보비치, 완연한 대머리가 되어 절대 죽지 않는(〈다이 하드〉) 브루스 윌리스, 뤼크 베송의 악역 전문배우(〈레옹〉) 게리 올드만이 출연한다.

뤼크 베송은 엠페도클레스의 고릿적 이론을 스크린에 충실히 옮긴다. 주인공들이 찾던 다섯 번째 원소는 놀랍게도 아저씨인 윌리스와 소녀이던 요보비치의 프렌치 키스로 완성된다! 키스야말로 '사랑과 미움'의 결정체 아니겠는가.

엠페도클레스에 따르면 공기, 물, 불, 흙의 4원소는 '사랑과 미움'의

감정에 따라 서로 만나고 헤어지면서 세상 만물을 구성한다고 한다. 이러한 그의 학설은 중세 연금술사들에게 환상적인 영감을 주었다. 파리나 런던의 굴러다니는 자갈 따위에서 황금을 얻어내려 했던 그들의 노력은 하루 천 번 방망이를 돌리는 타자처럼 끈질기게 이어졌다. 그들의 노력은 훗날 라부아지에 등 근대 과학자에 의해 우리가 과학시간에 머리 쥐어짜며 외웠던 화학 기호가 되었다.

중세 연금술사의 입장이 되어보자면 이렇다.

우리의 야구장은 우리의 마음으로 완성된다. 열악한 구장도 있고 반대로 최신 시설을 갖춘 구장도 있다. 유달리 멈춘 상태가 자주 벌어지고 지속되는 야구장에서 세 시간 이상 버티기란 생각보다 쉽지 않다. 당연히 우리는 좋은 의자와 쾌적한 공간에서 야구를 보고 싶다. 하지만 이런 꿈이 실현되기까지의 시간은 탈레스에서 뉴턴까지의 시간보다 더 오래 걸릴 태세다. 대구와 광주의 야구장을 보라.

그럼에도 불구하고 긴긴 시간을 버티며 당신과 나는 끈질기게도 야구장을 다녔다. 우리를 그곳에 있게 한 것은 야구를 향한 '사랑과 미움'이 분명하다. 그래, 사랑하는 마음도 미워하는 마음도 가슴속에 눌러

담지 말고 야구장 가서 풀어버리자. 현대과학에서 원소는 원자, 분자, 고분자로 제 몸을 분리했다.

  각자 다른 성분인 우리는 야구라는 연금술사의 손아귀에서 분리되고 합체한다.

  보고 있나, 캡틴 플래닛?

  믿거나, 말거나.

  좋은 야구는 믿음에서 시작된다.

🔴 우리나라 프로야구 경기장

문학_ 와이번스의 홈
　　좋아요 : 완벽한 시설, 가장 최신식 구장, 갖가지 부대시설 등
　　나빠요 : 경기장을 맴도는 스피커 소리. 귀가 울린다.

사직_ 자이언츠 홈
　　좋아요 : 뜨거운 응원 열기, 넓은 구장을 가득 채운 부산 갈매기들의 열정.
　　나빠요 : 가랑비 피할 곳조차 없다.

대구_ 라이온즈 홈
　　좋아요 : 곧 새로운 경기장을 건설한다고 한다(1).
　　나빠요 : 철제빔 정도만 언급하자.

무등_ 타이거즈 홈
　　좋아요 : 곧 새로운 경기장을 건설한다고 한다(2).
　　나빠요 : 선수들은 각별히 몸조심 하라. 부상의 위험이 있다.

잠실_ 트윈스, 베어스 홈
　　좋아요 : 한국 야구의 메카. 상징적 공간.
　　나빠요 : 잦은 불규칙 바운드, 플라이 볼을 잡아먹는 라이트 등 변수가 많은 구장

목동_ 히어로즈 홈
　　좋아요 : 한산하다. 여유가 있다.
　　나빠요 : 한산하다. 여유가 있다.

한밭_ 이글스 홈
　　좋아요 : 타자들이 좋아한다.
　　나빠요 : 투수들이 싫어한다.

애비도 모르고
베이스도 모르고 _본헤드(bonehead)

"야! 이 얼간아, 거기서 왜 뛰어?"
"야! 이 멍청아, 공 안 잡고 뭐 해?"

본헤드는 '얼간이'라는 뜻이라고 한다.

반복된 훈련 속에 기량이 완성형에 이른 선수들이 펼치는 게임이 프로야구다. 그들은 플레이에 따라 돈을 받는 직업선수다. 지금도 우리나라 곳곳에서 운동신경 좀 있다는 어린이들이 초등학교 때부터 던지고 받고 때리고 달리는 연습을 거듭한다. 그들 중에서 고르고 골라서 고른 후에 또 고른 남자들이 이 경기장의 남자들이다.

그런 남자들이 벌이는 어처구니없는 플레이. 이를 본헤드 플레이라고 한다.

본헤드 플레이어는 평소 그가 얼마나 스마트한 사람이었든지 말든지 아랑곳없이, 그 순간 가장 멍청한 사내로 만든다. 재앙 같은 분위기를 팀에게 남긴다. 그는 사건의 현장에 서서 방금 자기가 왜 그랬는지, 누구도 답해주지 않을 의문을 던진다.

'내가 왜 그랬지……'

그런 의문 따위는 중요하지 않다. 내 안에 울리는 내면의 목소리를 듣겠다고? 그런 여유는 휴식일 오전 사우나에서나 부려야 할 것이다. 지금 이 순간은, 그를 향한 질책과 조소가 그라운드를 지배한다. 그는 지금 바보다. 여기서 그는 멍청이다. 그는 야구장의 얼간이다. 본헤드다.

본헤드는 일반적인 에러나 부진을 벗어난 범주에 속한다. 도저히 저런 플레이를 할 수 없는데, 귀신에 홀린 것처럼 행해져야 얻을 수 있는 칭호다. 쉬운 땅볼 타구를 놓쳤다면, 그는 그저 실수한 선수에 불과하지, 얼간이의 수준에 이르지 못한다. 내야 뜬공을 바람 때문에 놓친 선수는 일말의 동정을 얻을 수도 있다. 하지만 본헤드에게는 관대함이 없다. 4연속 삼진을 당한 4번 타자에게도 본헤드라는 표현은 쓰지 않는다. 그는 슬럼프에 빠져 있을 뿐이지, 멍청이는 아니다.

그러나 지금 이 선수는 어떤가.

그는 단지 방금까지 1루 주자였고, 뒤이은 타자의 천금 같은 안타에 열심히 뛰었을 뿐이다. 3루까지 내달려도 살 수 있을 것만 같았고, 다소 느린 걸음의 그는 최선을 다해 뛰었다. 그의 눈에는 3루 베이스만 보였고, 그 순간 왜 2루를 밟지 않고 지나갔는지는, 전지전능한 신만이 알 것이다.

그는 팀의 두 번째 포수고, 오랜만에 잡은 기회가 하필이면 접전 상황이라 온몸이 흥분상태다. 수비형 포수로 정평이 나 있는 그가 투수에게 주문한 공은 각도 큰 변화구. 홈플레이트에서 바운드 된 공에 타자는 헛스윙 삼진을 당했지만 포수인 그는 공을 잃어버렸다. 그가 왜 공은 내버려두고 심판과 대화를 나눴는지는 신도 모를 것이다.

그가 본헤드가 된 것은 순식간의 일이고, 그의 그런 행동 때문에 그의 팀은 플레이오프에 나갈 수 없게 되었다. 그가 명청이가 된 것은 찰나의 순간이었으나 그 명청함 덕에 그의 팀은 한국시리즈 한 게임을 내줬다. 그가 원래 중장거리 안타를 잘 때려내고 타석에서 수 싸움에 능한, 머리가 좋은 타자였음에도 불구하고. 그가 원래 블로킹과 도루저지에 일가견이 있고 투수에게 안정감을 주는 좋은 포수였음에도 불구하고. 그는 지금 본헤드고, 이 순간은 영원히 기억될 것이다.

우리는 때로 쉽게 본헤드가 된다.

내 친구는 술 마시고 꼭 헤어진 애인에게 전화를 건다. 멀쩡한 정신에는 그저 '자니'라는 문자를 보내고, 답이 오지 않으면 괴로움과 창피

함에 밤을 새는 소심한 녀석이다. 그러나 술에 취하면 전화를 건다. 받을 때까지. 받으면 무슨 말인가를 하다가 울고, 받지 않으면 그래도 무슨 말인가를 하면서 운다. 본헤드다.

어떤 대학교수는 행사마다 모인 대학원 제자 및 강사들과 술잔을 한 번씩 모두 돌려야 한다는 강박에 휩싸인다. 그래서 한 바퀴를 돌고 나면 중년의 학자는 몸을 가누지 못하게 마련이다. 겨우 1차 회식 자리였던 삼겹살집 앞이었다. 대로변에서 그는 바지를 벗고 오줌을 누었다. 해는 아직 떠 있었다. 본헤드다.

어떤 선배는 술을 마시면 주먹이 운다. 그의 주먹이 울까봐 주위 사람은 늘 전전긍긍해야 한다. 옆 테이블의 건장한 남성들과 싸움을 붙이고 본인은 어디론가 사라진다. 사라진 주먹의 울음 때문에 우리는 진짜 울어야 했다. 본헤드다.

나는 술 먹고 실수하는 법이 좀처럼 없는 편이다. 다만, 내 몸에게 수많은 실수와 결례를 저지르고 다닌다. 구토하기 때문이다. 비루한 내장 기관은 일단 시작하면 때와 장소를 가리지 않는데, 그 때문에 정서적으로나 물질적으로 피해를 본 택시기사님이 많다. 그분들께 심심한 사과

의 말씀을 드린다. 뒷자리 가죽 시트에 여러 번 토했다. 진짜 본헤드다.

본헤드 플레이가 없는 야구는 있을 수 없다. 그들도 실수를 한다. 원숭이가 나무에서 떨어지는 것보다 더 희귀한 일이다. 그가 실수했을 때, 그는 선수가 아닌 한 인간이 된다. 아무리 화가 나더라도, 그에게 동물의 이름을 붙이며 욕을 하지는 않는 게 좋다.

술을 먹고 실수하는 당신과 나와 또 다른 당신은 인간이라는 종의 연약한 면모를 아주 잘 보여주는 일종의 연합체이다. '개 됐다'라는 말은 삼가자. 그의 본헤드 플레이를 본 우리가 욱하는 마음에 '개××'라고 칭한 야구선수는 지금 막심한 후회에 시달리고 있다. 그리고 그런 멍청한 행동은 앞으로 다시 하지 않을 가능성이 높다.

그렇다고 해서 실수가 완전히 없어지진 않겠지. 인간은 어디까지나 인간이니까.

너무나 인간적인 그.

격려와 욕설의 회오리 속에 있는 사람.

이를 줄여서 '본헤드'라고 부르자.

그 남자 그 여자의 가을

근래 들어 가장 인상적인 한국시리즈는
2009년 기아와 SK의 대전이었다.
그것은 한마디로 전쟁이었다.

여자 #1

착해서 좋았다. 잘생긴 건 아니다. 키도 보통이다. 마음 씀씀이가 넓어 보였다. 약속시간을 잘 지키는 걸 보니 성실한 것 같다. 우리는 겨울이 시작될 때 데이트를 했다. 네 번 데이트를 하고 한 번 밤새 통화를 했다. 그리고 첫눈이 오는 날, 그가 노란색 목도리를 벗어서 내게 둘러주었는데, 약간 퀴퀴한 내가 났다. 이상한 일이었다. 그 냄새가 싫지 않았다. 그는 담배를 조금씩 줄이는 중이라고 말하며 쑥스러워했다. 목도리는 따뜻한 노란색이었다. 웃을 때 거의 다 감기는 눈이 특히 좋았다. 담배를 완전히 끊는다고 약속하면 계속 만나주겠다고 했다. 그는 진지하게 고개를 끄덕거렸다. 그리고 잡아야 하나 말아야 하나 고민하던 내

손을 슬며시 당겼다. 살짝 잡은 손을 곧 깍지 끼며 바꿔 잡았다. 코트 속으로 깍지 낀 두 손을 넣었다. 따뜻해서 더 좋았다.

남자 #1

예뻐서 좋았다. 친구들에게 사진을 보여주면 귀엽다고 했다. 보통 예쁘지 않은 경우에 귀엽다고들 말하는데, 막상 그들의 여자친구는 심하게 귀여운 경우가 많았다. 하지만 그녀는 내 눈에 결코 귀엽지 않다. 한없이 예쁘다. 데이트를 몇 번 하고 귀가 뜨거워질 때까지 통화도 했다. 조잘대는 목소리가 좋았다. 솔직히 살짝 졸기도 했다. 정식으로 사귀자고 말하려는 날 눈이 내렸다. 택시 잡기 힘들 텐데, 일찍 들어가야 하나 걱정이 됐다. 목이 훤히 드러나는 옷을 입고 그녀는 떨고 있었다. 목도리를 벗어주었다. 그녀가 고개를 숙여 목도리 냄새를 맡는 것 같았다. 담배 냄새가 나려나. 그러잖아도 끊으려고는 하는데. 대답은 못 하고 웃었다. 그녀도 웃는다. 예쁘다! 어떡하지? 뽀뽀는 너무

빠르니까, 손부터 잡자. 날씨가 추웠다. 그녀의 손과 내 손을 주머니에 넣었다. 따뜻해서 더 좋았다.

여자 #2

봄과 여름을 지내면서 우리는 서로를 더 많이 알게 되었다. 그의 고향은 남쪽이고 너무 덥거나 흥분하면 사투리를 쓴다. 평소에도 가만히 들어보면 사투리 억양이 있다. 귀엽고 좋은데, 그는 말하다 중간에 자기가 지금 사투리 쓰고 있느냐고 물어온다. 그리고 다시 눈을 없애며 웃는다. 그는 길을 걸을 때는 나를 차도 반대편으로 걷게끔 한다. 영화 볼 때는 뭘 보고 싶은지 물어보지만, 밥 먹을 때는 저기로 가자며 먼저 이끈다. 같이 있을 때 전화가 오면 밖에 나가서 전화 받으려 하지 않는다. 물어보지 않아도 누구와 통화했는지 먼저 알려준다. 매운 음식을 좋아하고, 어머니께는 다소 애처럼 굴지만 아버지께는 존댓말을 쓴다. 산울림이나 들국화 같은 예전 가요를 좋아하고, 노란색, FC바르셀로나,

스타크래프트, 생맥주와 인스턴트커피를 좋아한다. 아직 담배는 끊지 못했지만 나와 만날 땐 피우지 않으려 노력한다.

남자 #2

우리는 서울과 인천의 곳곳을 잘 알게 되었다. 나는 서울에 사는 자취생이고 애인은 인천 집에 사니까. 차이나타운에서 짜장면을 먹으며 춘장 옆에 놓인 양파를 씹지 않으려 노력했다. 월미도에서 놀이기구를 타고 점심으로 먹은 돈가스가 얹혀 고생 좀 했다. 애인은 양파 냄새에도 불구하고 입을 맞춰주었다. 사람 많은 놀이공원에서 침착하게 손가락을 따주었다. 어딜 봐도 사랑스러운 애인이었다. 애인은 날씨가 따뜻해지자, 홍대 카페 이곳저곳을 소개해주었다. 뭔가 간지럽고 오글거리는 곳이 많았지만, 괜찮았다. 이내 쓴 커피도 잘 마시게 되었다. 아쿠아리움 앞까지 갔다가 너무 비싸서 못 들어가고 그냥 영화만 보기도 했다. 밥 먹을 식당은 미리 조사해두었다. 서울 식당은 맛없고 비싼 경우가 많아서였다(알아보고 가도 마찬가지긴 했지만). 몇 달이 지나고 나는, 비로소 서울 사람이 된 건가 하여, 애인에게 고마운 마음이 어린아이 새 살 돋듯 돋아났다.

여자와 남자가 연애를 하는 동안 기아는 정규리그 1위를 했다.
전년도 우승팀 SK는 누구도 말릴 수 없는 19연승을 세차게 달렸다.
그리고 두 팀이 만났다.

남자 #3

서울로 거처를 옮길 즈음부터 고향의 야구팀은 망가져갔다. 한때 리그 최강팀이었던 그들은 꼴찌를 두 번씩이나 하며 감독을 계속 바꿔댔다. 그동안 팬끼리 소송을 걸고, 경기장에 현수막을 달거나 선수단 버스를 세우고 거칠게 항의도 했다. 그런 게 다 뭐냐. 나는 메마르고 성가

1. 도원야구장

문학경기장이 생기기 전 인천 야구의 성지. 숭의야구장, 인천 야구장 등으로도 불렸다. 삼미와 청보, 태평양과 초기의 SK가 홈으로 사용했다. 작은 야구장이었으나 최다연패니, 최저승률이니 하는 눈물의 기록을 보유한 야구장이었다. 지금은 사라졌다. 사라진 것이 야구장뿐이겠는가.

시고 거대한 이 도시에 적응하기 위해 잘 이기지도 못하는(거의 매일 지는) 야구팀은 잠시 잊기로 했다. 그리고 대학을 졸업하고 많은 사람들이 이름만 들어서는 전혀 모르는 회사에 어렵사리 취직했다. 야근과 추가근무의 틈바구니 속에서 우연히 여자친구도 사귀었다. 그럭저럭 잘 살고 있다는 말이다. 가슴 언저리가 텅 빈 것 같은 이 공허가 무엇인지 오래 자문해보진 않았다. 아마 이종범이 은퇴하기 전에 팀이 한 번 더 한국시리즈에 올라가면 이 의문은 풀릴 것이다. 이건 정말 반쯤은 농담이었는데, 그들은 자꾸 이기더니 한국시리즈까지 올라가버렸다! 이렇게 심장 뛰는 가을은 난생처음이다.

여자 #3

아빠는 삼미 슈퍼스타스의 팬이었다고 한다. 그리고 태평양의 팬이었다. 아빠 손을 잡고 도원야구장[1]에 몇 번 갔었다. 아빠는 아들이 없다고 섭섭해하는 분은 아니었지만, 아들과 캐치볼 하는 아저씨들을 볼 때는 부러운 표정을 짓곤 했다. 그래서 아빠가 야구장 가자고 할 때 한 번도 마다한 적 없다. 태평양의 뒤를 이은 현대가 우승을 할 때 아빠는 어린아이처럼 기뻐했다. 그리고 그들이 수원으로 떠나간 후부터 지금까지 야구장은커녕 야구중계도 보지 않으신다. 나는 자연스럽게 SK의 팬이 되었다. 우연히 간 야구장은 쾌적했고, 신났다. 무엇보다 최강 야구팀이 인천에 뿌리를 두고 있어서, 뿌듯했다. 오빠와도 오려고 했지만 기아와의 경기는 표를 구하기가 쉽지 않았다. 거기에 왜인지 오빠가 별로 내켜하지 않았다. 여름 이후에 기아가 연승을 하면서 한국시리즈에 직행했다. 오빠는 좋아하면서도 뭔가 불안해 보였다. 그렇게, 오빠와의 첫 가을이 오고 있었다.

남자 #4

애인이 안 예쁘게 보인다. 이런 일은 처음이다. 이종범이 결승타를 쳤고 당연히 나는 좋아했을 뿐이다. 아이, 진짜. 너무 좋아하는 거 아

냐? 우리는 그저 한적한 오후 카페테라스에서 노트북으로 함께 야구를 보고 있었을 뿐이었다. 결정적 순간에 애인은 꽂고 있던 이어폰을 휙 던져버렸다. 처음 보는 과격한 모습이었다. 2차전은 각자 집에서 TV로 봤다. 끝나고 전화를 했는데 받지 않았다. 문자에도 답이 늦었다. '지금 좀 피곤해. 잘게.' 이런 적도 처음이다. 왜였는지 며칠 뒤에 알게 되었다. 호프집에서의 일이었다. 벤치클리어링이 일어났고, 애인은 목소리를 높여 선수들을 비방했다. 놀랍게도 거기에는 이종범도 포함됐다. 나는 소스라치게 놀랐고 애인의 잘못을 조목조목 따졌다. 경기가 끝나고 우리는 서먹하게 헤어져 각자의 집으로 갔다. 한국시리즈가 끝날 때까지 야구 이야기는 피해야겠다고 다짐했다.

여자 #4

오빠는 정말이지 나쁘다. 나는 마음이 너무 상하는데, 싱글벙글 웃는다. 기아가 이긴 경기에서는 눈이 안 보일 정도로 웃으며 이를 어째?

기아가 이겨버렸네? 이런다. 평소에는 잘 안 쓰는 사투리로 기아가 점수 뽑을 때나 (내가 좋아하는) 박정권이 삼진 당할 때는 더 큰 목소리를 냈다. 날려브러! 죽여브러! 듣기 싫다. 이 남자가 내가 알던 우리 오빠인지 의심이 든다. SK가 이길 때 나는 오빠 눈치도 보며 조심하려고 노력하는데, 오빠는 여전하다. 이 남자가 내 편이긴 한 걸까? 나를 좋아하면 이 정도는 배려해주어야 하는 게 아닐까? 오빠도 몇 년을 응원한 팀이니 어쩔 수 없겠지. 하지만 기아의 우승이 무슨 사회적 의무라도 되는 것처럼 굴면서 기아는 착한 팀이고, 우리 팀은 나쁜 팀이란 식으로 몰아가는 건 억울하다. 이러다 진짜 싸울 것 같다. 그러고 보니, 6차전에서 기아가 지고 담배도 피운 것 같다.

시리즈는 결국 3:3 동점이 되었고, 운명의 7차전이 그들 앞에 섰다. 연인은 어느새 서로가 없는 주말은 상상할 수 없는 사이가 되었고 그들은 전쟁 가운데서 조우해야만 했다.

연인 #Last

생각지도 못했던 그동안의 갈등을 풀어내기 위해 연인은 서로 마주하고 앉았다. 그러나 마음은 곧 시작할, 지구상에서 가장 중요한 경기에 쏠려 있었다. 그들은 남자의 집에 나란히 앉아 같은 곳을 바라보았다. 텔레비전이었다. 조금은 질린 치킨 대신에 탕수육을 시켜놓고 연인은 말이 없었다. 연인의 마음처럼 경기는 엎치락뒤치락 명승부. SK가 앞서가자 여자가 박수를 치고 높은 데시벨로 기쁨을 표했다. 기아가 동점을 만들자 남자는 득의양양한 표정으로 최종적인 승리를 자신했다. 탕수육이 식고 있다. 작은 신경전을 지루하게 이어가던 둘. 급기야 상대 팀의 막대풍선까지 저주한다, 저 꼴도 보기 싫은 노란 단무지들! 여자가 포문을 열자 남자도 망설이지 않았다. 바닥에 흘린 탕수육 소스 같으니라고!

게임이 끝났다.
여자가 운다. 남자는 멋쩍다. 미안하다고 누군가 먼저 말했다.

괜찮다고 누군가가 뭐라고 대답하는 말이, 포개져서 들리지 않는다. 알싸한, 그리고 향긋한 중국음식 냄새에 둘은 땅이 꺼지는 듯이, 온 정신이 고만 아찔하였다.

⚾ 한국시리즈

한국시리즈, 월드시리즈, 일본시리즈는 모두 7전4선승제이다. 우리나라의 특이점은 5~7차전을 대형구장에서 치러야 한다는 점이다. 현재 잠실, 사직, 문학을 사용하는 구단 외에는 모두 이 규정에 속한다. 따라서 이 글의 배경이 되는 2009년 한국시리즈의 7차전은 정규리그 1위 팀의 홈구장인 광주 무등야구장이 아닌, 중립지역인 잠실야구장에서 벌어졌다. 억울하면 서울에서 살라는 건가? 너무나 많은 것들이 서울에 집중되어 있다.

드래프트 되는 청춘들
_For the underdog

드래프트draft는 '원고의 초안,' '은행이 발행한 수표' 등의 뜻을 가지고 있다. 하지만 우리 대부분은 신인선수를 선발하는 호텔에서의 장면을 먼저 떠올린다. 스포츠에서 드래프트는 프로 구단이 신인선수를 뽑는 절차이다. 리그마다 정해진 방식에 따라 비교적 공정한 방식으로, 프로 구단은 그해 시장에 나온 선수를 선발할 수 있다. 그리고 그 자리에서 선발되어 유니폼을 입거나 모자를 쓰고 사진을 찍는 새내기 선수들이 있다. 그러나 그 수는, 매우 적다.

C

올해 대학 졸업반인 C는 혹시나 하는 마음으로 드래프트 행사가 예정되어 있는 호텔로 향한다. 1순위 지명이 확실한 유망주들이 이미 앞줄을 차지하고 있다. 그중에는 C의 고등학교 후배도 있다. C는 조명이 들어오지 않는 구석에 홀로 자리를 잡는다. 몇몇 아는 얼굴과 어색하게 눈인사를 하고 침을 삼킨다. 목이 마르고 손에 땀이 찬다. 춘계리그 결

> 1. 토미 존 서저리(Tommy John Surgery)
> 팔꿈치 인대 교체 수술이다. 1974년 프랭크 조브 박사가 LA다저스의 투수 토미 존의 수술을 성공하면서 시작된다. 스포츠뉴스에 그들의 이름이 자주 나오는 이유다. 야구선수, 특히 투수는 팔꿈치 인대 손상이 심하다. 낡고 손상된 인대를 자신의 다른 쪽 인대로 교체하여 선수 생명을 연장하는 것이다. 수술 후에 구속이 증가한다는 속설이 있으나, 정확히 밝혀진 것은 없다. 무엇보다, 선수는 자신의 인대를 교체하기 전에, 이미 제자리에 존재하고 있는 인대를 먼저 보호해야 할 것이다.

승전 이후 처음 있는 일이다.

그날 그는 선발 투수로 나서서 9이닝을 완투했다. 관중석에는 프로 구단 스카우터들이 스피드건을 들고 C에게 총구를 들이밀고 있었다. 선글라스 안에 숨어 있는 그들의 눈빛이 유달리 차가운 것 같았다. C는 어깨에 힘이 들어갔고, 8회에 3점 홈런을 맞았다. 그리고 졌다. C는 결승전을 치르고 며칠 후에 팔꿈치 수술[1]을 받았다. 더 이상 미룰 수도 없었다. 그의 팔꿈치는 다 쓴 지우개처럼 마모되어 있었다.

재활은 지겹고 힘들었다. 무엇보다, 이게 끝일까 무섭다.

O

O는 지방에 있는 그저 그런 대학을 졸업하고 사회에 나왔다. 사회에 나옴과 동시에 그는 취업준비생이 되었다. 백수라는 말이다. 대학 도서관은 아직 학교에 다니는 후배들이 차지해버렸다. 그는 동네에 있는 구립도서관을 자주 찾는다. 그곳에는 O와 비슷한 차림—트레이닝복에

2. 러닝

빠른 발이 필요한 야수들이 러닝 훈련을 많이 할 것 같지만 그렇지 않다. 달리기는 오히려 투수에게 필수적인 훈련이다. 그들은 묵묵히 달리며 허벅지를 단련한다. 허벅지는 강속구의 원천이다. 전성기 박찬호의 허벅지는 웬만한 여자 허리보다 두꺼웠다. 몸에 붙는 성질

운동화를 신고 책이 잔뜩 든 가방을 뒤로 메고 유쾌하지 않은 표정을 얼굴에 단—의 사내들이 벤치에 앉아 어둑한 표정으로 담배를 피우고 있다.

   대학 입시에 실패하고 억지로 들어간 대학에서 O는 열심히 공부했다. 학점 관리도 잘했고, 외국어 공부도 열심히 했다. 하지만 그에게 돌아온 자리는 언제 잘릴지 모르는 비정규직이나 3개월 인턴밖에 없다. O는 불안정한 게 싫다. 이는 눈높이를 낮추고 높이고의 문제가 아니다. O는 다시 고등학생이 된 기분으로 국어와 영어, 한국사와 행정학을 공부한다. 행정법 판례를 외운다.

   잘될지는 모르겠다. 열람실 대부분의 사람들이 비슷한 공부를 하고 있으므로.

U

   수준급 투수라고 평가받던 U는 일 년 넘게 경기에 나서지 못했다. U

의 야구 유니폼은 그들의 허벅지를 더욱 빛나게 한다. 보석 같은 허벅지다.

3. 펑고(fungo)
수비 연습할 때 공을 쳐주는 사람. 그는 1루! 하고 외치고 1루로 공을 쳐낼 줄 알아야 한다. 외야! 하고 나서 멀리, 높게 공을 칠 수 있는 사람이다. 물론 야구를 평생 업으로 삼은 코치나 감독이 이 일을 못할 리 없다. 그런 이유로 그들은 수비가 엉망인 선수를 붙잡고 계속해서 정확한 타구를 날려주는 것이다. 리틀야구에서 프로야구까지 펑고는 계속된다. 그것이 야구다.

는 뙤약볕 아래서 산에 오르며 의미 없이 악을 지르는 훈련이 싫었고, 감독님의 훈계도 듣기 싫었다. 야구가 싫은 시간이었다. 특히 선배들의 체벌은 정말이지 참을 수 없었다. 습관적으로 행해지는 체벌을 모르는 척 방관하는 감독님은 더 싫었다. 온통 싫은 것 천지였다. 그래서 그는 팀을 이탈했고, U를 때리지 않을 친구들과 PC방에서 밤을 샜다. 러닝[2]도 하지 않고 펑고[3]도 하지 않았다.

컴퓨터게임 안에서는 실수를 하더라도 누구도 U를 욕하지 않았다. 눈치 볼 일이 없었다. 키보드와 마우스와 모니터는 온전히 그의 세상이었다. U가 키우는 캐릭터의 레벨은 점점 높아졌다. 캐릭터로 몬스터들을 열심히 때려잡고 있을 때, 옆 컴퓨터의 남자는 야구게임을 하고 있었다. U는 가만히 일어나서 친구들에게 인사도 없이 숙소로 돌아갔다. 만화에서처럼 모든 걸 용서해줄 것 같았는데, U는 그 이후로 계속 벤치에 앉아 있었다.

U는 새로 시작하고 싶다. 무엇보다 야구를 하고 싶다.

R

R은 서울에서 대학을 졸업한 지 일 년 만에 어렵사리 취직에 성공한다. 주위 친구들은 그녀를 부러워하였다. 그 회사는 운 좋게도 전공과 관련이 깊었고, 동시에 운이 없게도 대부분 '을'의 입장에 서야 하는 업체였다. R은 주5일 근무에 주6일 야근을 하는 생활을 반복했다. 별일 없이 책상에 앉아 팀장의 퇴근을 기다리던 날도 많았다. 남자친구와는 헤어졌고, 피부 트러블이 늘었다. 물론 몸무게도 늘었다. 야근이 끝나면 회식이 이어졌기 때문이다.
결국 이 년을 못 채우고 사직서를 내며 그녀는 자신이 참을성과 사회성이 부족한 게 아닌가 의심했다. 자기 자신에 대한 최초의 의심이자 질책이었다. R은 이 년 가까운 시간 동안 철저히 부정되었고, 이제 스스로를 부정하고 있다. 원룸에 앉아 낮에는 빌린 만화책을 보고 저녁에는 야구중계를 본다. 내가 하고 싶은 게 뭐였지? 까먹었다. 그래서 다시 생각해내려 한다. 진짜로 원하는 게 뭔지 알 때까지 R은 점점 수렁 속으로 스스로를 가라앉히고 있다.

A

    A는 야구를 누구보다 열심히 한다. 그러나 그의 수준은 언제나 중간. 뒤떨어지지는 않으나 튀지도 않는다. 어떤 포지션에 있어도 제 역할은 하지만, 제 역할만 할 뿐이다. 경기를 견고하게 만들지만, 경기를 만들어내지는 못한다. 대학 리그에서 단 한 번 팀이 우승을 했지만 A의 활약이 특출난 건 아니었다. 이번 드래프트에서도 그는 지명이 될지 그렇지 않을지 쉽게 예상할 수 없는 애매한 위치에 자리한다.
    A의 집은 A의 계약금이 필요하고, A는 프로선수가 되어야만 한다. A는 새벽에 공원 트랙을 두 시간 돌고, 매달아놓은 타이어가 곤죽이 될 때까지 스윙 연습을 했다. 학교 운동장에 가장 먼저 나와서 가장 늦게 집에 갔다. A의 스파이크는 한 달을 버티지 못하고 망가졌다. A는 값진 보석을 다루듯 글러브와 유니폼을 만졌다. A는 야구를 계속하고 싶다. 누구보다 간절하다.
    A는 대학리그의 보통 선수에 불과하다. 그것이 그를 불안하게 한다.

G

　G는 집에서 가까운 공고를 좋은 성적으로 졸업했다. 그는 월등한 수석이었다고 주장한다. 성적 덕분인지 고향에서 멀리 떨어진 고장의 공장에서 돈을 벌었다. 칠 년을 일했고, 여우 같은 여자와 결혼했고, 토끼 같은 딸은 이제 두 돌이다. 그리고 그는 지난달에 해고되었다. 회사가 위기라고 했다. 위기인데 경영진은 여전히 외제차를 몰고 회사에 들락거렸다. 그런가보다 했다. 그리고 정리해고 통보에 공장 선배들이 반이나 걸려들었다.

　G는 그와 그의 동료들이 무슨 잘못을 했는지 이해할 수 없었다. 정시보다 일찍 출근해서 밤늦게까지 잔업을 하던 그들이었다. 부당함을 느낀 그는 얼마 후 파업에 동참했다. 월급을 줄여서라도 함께 살길 요구했다. 그리고 용역에게 맞고 경찰에게 끌려갔다. G는 그뒤로 공장에 들어갈 수 없었다. 그곳을 볼 때마다 허탈한 마음에 웃음이 나온다. 새로운 일을 찾아야 한다. 아니다. 복직해야 한다. 그런가? 아닌가? G는 태어나 처음으로 머릿속이 복잡하다.

열심히 산다고 해서 모든 일이 잘 풀리는 것은 아니었다. G는 삶과 투쟁중이다.

E

지방 고등학교 3학년인 E는 전국대회에서 두각을 드러내지 못했다. 같은 지역의 라이벌에게 이상하게 한두 점 차로 지는 바람에 지역예선을 통과하지 못한 대회가 많았다. 전국구 대회에서는 초반에 예선 탈락했다. E는 소식을 기다린다. 그의 이름이 불릴까. 부모님은 모두 일을 나가셨고, 집에는 E 혼자다. 최소한 부모에게 E는 야구천재다. E는 결국 혼자다.

　E는 대체로 그렇다. 그는 발도 빠르고 어깨도 좋다. 직구는 누구보다 잘 때린다. 장타력은 없지만 짧은 안타는 잘 만들어낸다. 도루 능력도 있고, 번트도 잘 댄다. 부모님의 기대가 크다. 그런데, 그런 선수는, 프로에 너무나 많고, 게다가 그는 체격이 왜소하다. 감독님은 어느 프로

팀의 스카우터가 잘 아는 후배라고 했다. 한번 부탁해보겠노라고 내려앉은 표정으로 말했다. 경기가 끝난 후, E의 유니폼은 항상 더럽다. E는 프로 유니폼을 입고, 흙이 묻은 벨트를 터는 자신의 모습을 상상한다. 쉽지는 않을 것이다. E와 비슷한 능력의 사람은 세상에 너무나 많다고들 한다.

드래프트에서 선발되지 못한 선수들은 쓸쓸하게 집으로, 학교로, 훈련장으로 돌아간다. 매년 7,8백 명이 쏟아져 나오는 드래프트에서, 직업선수가 되는 젊은이는 7,8십 명에 불과하다. 그중 절반 이상은 몇 시즌 못 버티고 방출된다. 국내 야구시장은 프로야구 외에 실업야구 등의 구제책은 마련되어 있지 않다고 해도 무방하다.

수많은 청춘들이
삶의 드래프트, 그 현장에서
묵묵하고 뜨거운 이닝을 함께 버티고 있다.

그 이닝의 끝에 있을
'역전만루홈런'을 기대한다.

기다림의 끝에 도사리고 있는 불안감 _불펜(bullpen)

기다림은 기다림을 부른다. 기다림은 우리의 시간 대부분을 잠식하고 있다.

주문한 음식을 기다리고, 버스를 기다리며, 전철을 기다린다. 전철을 타고는 목적지에 닿기를 기다리며, 목적지에 도착해서는 아직 오지 않은 약속 상대를 다시 기다린다. 월급날을 기다린다. 월급은 계좌를 잠깐 거쳤다가 카드회사로 날아가고, 우리는 다시 월급날을 기다린다. 퇴근 시간을 기다린다. 퇴근 후에 다시 전철과 버스를 기다리고, 편의점에서 카드를 내밀고서 출력되는 영수증을 기다린다. 맥주가 담긴 봉지를 흔들면서 엘리베이터를 기다리고, 집에 도착해서는 전자레인지에 넣은 냉동식품이 어서 녹기를 기다린다. 그리고 텔레비전을 켠다. 게임은 벌써 중반을 넘어섰다.

당신이 승리를 기원하는 팀은 겨우 2점 앞서 있을 뿐이고, 7회가 넘어서자 100개 이상의 공을 던진 선발 투수는 체력이 확연히 떨어졌다. 타자는 투수가 던질 공을 기다리고 투수는 포수의 사인을 기다린다. 야수들은 타자가 날릴 타구를 기다리며 자세를 낮춘다. 포수는 사인을 보내며 투수의 공이 그곳으로 정확하게 던져지길 기다리고 있다. 그러나

1. 핀치 러너(Pinch-Runner)
대주자. 어떤 선수는 아직 쓸 만한 타격능력을 갖추지 못했거나, 타석에서 너무 긴장하거나, 폼이 무너지곤 한다. 하지만 그가 운동신경과 센스가 있다면 야구장에 설 기회는 올 것이다. 가령 발이 느린 타자가 안타를 치고 나갔고, 점수는 동점일 때, 그의 빠른 발은 상대방을 곤란하게 할 수 있다. 단, 대주자는 특히 주루사에 주의해야 한다. 그에게 기회는 많지 않다.

    기다리던 공은 기다리지 않던 방향으로 갔고, 결과는 볼넷이다.

    타자는 굳은 결의를 한 표정으로 1루까지 걸어나간 뒤, 자신을 대신할 핀치 러너[1]의 등장을 기다린다. 주자는 빠른 발을 가진 보다 영리한 선수로 바뀌었고, 투수는 상대 주자가 바뀌는 모습을 보고 코치의 사인을 기다린다. 투수코치가 조용한 걸음으로 투수에게 다가가고 있다.

    이 모든 상황을 기다렸던 사람, 기다림의 명수, 야구 게임의 망부석. 그가 바로 불펜 투수다. 마운드의 투수가 불안한 모습을 보이면, 혹은 한계투구에 가까워지면 불펜은 몸을 풀기 시작한다. 그중에는 어제도 던졌고, 그제도 던진 강철 어깨도 있다. 반면, 어제 던졌으니 오늘 던지기에는 몸이 따라주지 않는 노장 투수도 있을 것이다. 이도저도 아니지만 왼손 타자 한 명은 곧잘 잡아내는 원포인트릴리프 투수도 있다. 접전 상황에서는 나설 일이 없는 패전처리용 투수도 어딘가에 있다. 불펜은 투수들의 사랑방이며, 대기실이며, 연습실인 것이다.

    코치가 선발 투수에게서 공을 전달받고 불펜에 뭔가 수신호를 보낸다. 동남아시아 고무나무처럼 강인한 인대를 가진 젊은 투수가 고개를 돌리며 마운드로 뛰어간다. 공을 전달받는다. 그리고 광고가 시작된다.

대출은 역시 / △△△은 현금서비스밖에 모른다 / 신용 등급 조회 없이 / 서민금융의 동반자

광고가 끝나길 기다리면서 맥주를 들이킨다. 너무 뜨거워진 만두가 식기를 기다리며 맥주를 삼킨다. 사채업자들은 채무자의 사정 따위는 기다려주지 않을 것이다. 사채 쓰면 인생 병살타 치기 딱 좋다고 어머니는 늘 말씀하셨다. 당연히 그런 일은 만들지 않을 작정이지만, 출근할 때마다 나도 몰래 입에 올리는 노래는 사채업 광고 CM송이다. 광고가 끝나고 기다리던 야구 경기가 다시 시작된다.

투수는 기다리는 동안 몸을 잘 푼 것 같다. 앞선 투수의 연속 볼넷으로 만들어진 1사 1·2루의 위기에서 그는 세 번째 공으로 더블플레이를 이끌어낸다.

유격수는 자신의 정면으로 굴러오는 타구를 잘 기다려 캐치했다. 2루수는 2루 베이스로 달려가 유격수의 토스를 기다렸다. 1루수는 다리를 찢으며 다소 낮은 송구를 잘 기다렸다. 그리고 위기를 넘겼다. 불펜 투수들은 환호하며 불펜 바깥으로 나와, 젊은 투수에게 하이파이브를

건넨다.

  기다림의 끝에 필승 셋업맨은 제 할 일을 다했다. 그의 뒤에서 마무리 투수는 9회가 오기를 기다렸고, 한 이닝을 확실히 책임지겠다는 자세로 불펜 포수에게 공을 던지며 몸을 풀었다. 8회 찬스에서 역시 점수를 빼지 못한 타자들이 수비를 하러 돌아가고 있다. 그들과 함께 마운드로 올라가는 마무리 투수.

  그는 그저 빠른 공 하나로 세 명을 잡는 일에 집중하려고 한다. 그런 이유로 경기 전부터 훈련을 하고 몸을 풀며, 1회부터 8회까지 경기에 집중하며 기다림에 기다림을 더하는 것이다. 마무리 투수는 기다림의 왕이 분명하다.

  기다림의 왕이 마지막 타자를 삼진으로 돌려세우길 기다린다. 맥주의 마지막 한 방울을 입술에 떨치며, 이제 게임은 끝났구나, 안심하는 마음으로 다른 게임의 결과를 기다린다. 투아웃을 잡고 주자 한 명을 볼넷으로 내보낼 때도 그저 경기가 끝나고 인터뷰를 누가 할 것인지 예상할 뿐이었다. 잠시 한눈을 파는 사이에 해설자가 요란한 소리를 내며 TV 바깥으로 튀어나올 듯이 광분했다. 동점 홈런.

　포수는 낙담한 자세로 홈플레이트 뒤에 서서 홈런 타자가 베이스를 다 돌길 기다린다. 이것이 꿈인가 생시인가 화도 나지 않아서 차라리 일일드라마나 볼 걸 후회한다. 다음 타자를 잡아내고, 더그아웃으로 들어가는 기다림의 왕에게 들리지도 않을 욕을 퍼부어본다. 9회 말을 싱겁게 끝낸 타자에게 아까와 비슷한 욕을 하면서 연장전을 기다린다. 연장전에 돌입하기 전에 다시 광고.

　마음은 와일드하게 몸은 멋지게 / 엄마 우리집은? / 또 하나의 가족 / 8888

　광고를 기다리며 상대방의 불펜을 생각한다. 10회와 11회가 지나면서 상대방의 불펜이 무너지길 기다린다. 첫 타자가 출루하길 기다리며 그로 인해 결승점이 나길 기다린다. 애석하게도 기다림은 더한 아픔만을 남기고 떠났다.
　그리고 12회말, 응원하는 팀의 첫 타자가 출루했고 희생번트로 2루까지 나갔다. 타석에는 오늘 부진했던 왼손잡이 4번 타자. 상대방 불펜에서는 마지막까지 아껴뒀던 왼손 투수가 걸어나오고 있다.

어떻게 될까?

이런 궁금함을 줄여서 '불펜'이라고 한다.

⚾ 그리고_ 경기가 끝난 후에는 내일 아침의 전쟁 같은 출근길이 당신을 기다릴 것이다. 욕지기가 치미는 회사 일이 당신을 기다릴 것이다. 그 기다림을 믿어라.

야구 분노 1
_안부 대응법

뭐 하세요? 잘 지내요?

이런 질문에 답하기는 정말 어려운 일이다.

첫 번째 경우, 시를 쓰고 있다고 해야 하는 걸까? 어떤 시를 쓰냐고 물어오면? 시와 친숙한 사람일까? 혹시 괴상한 동물 보듯 피하는 게 아닐까? 겁을 내면서? 비웃지는 않을까? '시 쓰고 있네' 하고 리드미컬하게? 물음표는 물음표를 끌어당긴다. 물음표는 점점 커진다. 그리고 나는 대답한다. 글 써요. 강의도 하고. 이것저것 합니다. 이러면 상대는 백이면 백, 그냥 나를 백수로 생각할 것이다. 그편이 더 편하다.

두 번째 경우, 나는 지금 잘 지내고 있나? 건강한가? 무서워서 치과에 가지 못하고 있고, 지갑은 텅 비었으니 이걸 잘 지낸다고 친다면 좀 우습지 않나? 아니다, 사지육신이 운동하고 오장육부가 활발하니, 일단은 잘 지낸다고 하자. 월세는 내고 적금을 못 부으니 현대적 의미로 잘 지낸다고는 할 수 없다. 아니다, 하고 싶은 거 하고 있으니 잘 지내는 거다. 그렇다와 아니다가 치고받는다. 코피가 흐르기 직전이다. 대답하자. OK, I'm fine. And you? 이쪽이 더 낫다.

사실 뭘 하고 있냐면 말이다. 날마다 야구 본다. 잘 지내냐고? 이건 날은 잘 지내고 경기에 졌을 때는 분노에 사로잡힌다. 이른바 야구 분노.

어젯밤은 원고를 뒤로하고 야구중계에 집중했다(어젯밤으로 국한된 이야기는 아니지만). 남반구의 검은 대륙의 이름을 딴 인터넷 방송국 사이트에서 휴대폰 소액결제까지 해가면서 보는 야구다. 경기는 다소 싱거웠다. 책상에 다리까지 올리고, 맥주를 마시며, 심지어 잠들어버렸다(작은 노트북 모니터로 보는 야구는 그럴 수 있다. 경기장에 가고 싶을 뿐이다). 그리고 스팸메일 오는 소리에 눈을 떠 다시 야구에 집중.

그러니까 왜 내가 다시 눈을 떴는지 모르겠다. 글 쓰거나 책 볼 거 아니면 그냥 이불 덮고 들입다 잤어야 하는 거다. 마무리로 나온 투수가 대기타석의 타자보다도 타격이 부실한 타자의 등을 공으로 후릴 때부터 불길한 예감이 들었다. 그리고 슬픈 예감은 틀린 적이 없다.

그렇다. 나의 팀은 홈팀이던 남의 팀에게 졌다. 3점 차의 리드를 막지 못하고 아웃카운트 하나를 남겨놓은 상태에서 끝내기 안타를 맞았다. 안녕! 잘 가라, 악마 같은 오늘의 야구야. 당분간 우리 만나지 말자. 만나도 알은척하지 말자.

그러나 오늘 저녁에 나는 또 야구를 보겠지. 야구라는 게 그런 거 아

닌가. 사람 애간장을 녹이는 주제에, 날마다 쉬지도 않고 해대는 잔인한 게임이다.

한국 프로야구는 현재 팀당 133게임이 펼쳐진다(2011년 시즌 기준). 365일 중에 3분의 1이 넘는 기간이다. 구단이 늘어나면 게임 수는 더 늘어날 전망이다. 열 받을 날이 더 많아진다는 말이다. 한 팀이 아무리 막강해도 80승 올리기는 힘들다. 그러니까 팀 승률 60퍼센트면 리그에서 가장 적게 진 팀이 될 수 있다. 반대로 꼴찌는 어떨까. 4할 초반에서 꼴찌가 결정 나면 그 리그는 건강한 리그라고 볼 수 있다. 승률이 3할이라면 그 리그는 시시해진다. 그 팀은 7개 팀에게 이른바 '호구' 잡혀 옴짝달싹 못하는 것이다. 이건 문제다.

치과에 가야 하는 나처럼, 사람이 늘 건강할 수는 없다. 그건 리그도 마찬가지. 1위부터 8위까지의 팀 순위가 촘촘하게 붙어 있으면 날마다 환호하는 팬과 좌절하는 팬의 수가 비슷하고, 그것이 게임을 더욱 흥미롭게 만든다. 건강하다는 말이다. 1위는 80승을 넘기며 독주를 하고, 꼴찌는 승률 3할 중반을 찍으며 빌빌대면 리그 자체가 재미가 없어진다. 기형적이란 말이다.

물론 야구의 세계는 엄혹한 승부의 세계다. 그렇지 않으면 존재가치가 없다. 짜고 치는 고스톱이 되면 곤란하다. 1위 팀의 독주가 거세다고 해서 그 팀에게 일부러 불리한 판정을 내려서는 안 된다. 그럴 리 없겠지만, 어느 순간 대충해서도 안 된다. 뭐, 살살하라고 애교를 부리는 정도는 괜찮겠지.

하위권은 어떤가. 그들이 계속해서 지는 건 어느 누구에게도 득이 될 게 없다. 야구는 축구와 달리 승강제가 없다. 꼴찌가 아무리 막장 팀이어도 끌어안고 가야 한다. 누가 누굴 안고 갈 건가? 어이, 거기 꼴찌! 힘내, 너희도 프로야!

야구로 생기는 분노의 지역균형발전을 위해, 야구판은 몇 가지 장치를 마련한다. 드래프트 제도가 그것이다. 드래프트는 보통 하위권 팀부터 그해 가장 좋은 신인을 데려갈 수 있는 기회가 주어진다. 8위가 1순위 지명권을 갖고, 7위가 2순위를 갖는 식이다. 8순위까지 1라운드가 돌아가면 역순으로 신인을 지명하지만, 이때부터는 '매의 눈'이 중요하지, 순서가 절대적인 것은 아니다.

야구가 계속해서 지금처럼 사랑받기 위해서는 순위 다툼이 더욱 치

1. 리빌딩

팀을 재건하는 과정이다. 모든 선수는 전성기를 지나 쇠퇴기를 맞게 마련이고, 때가 되면 은퇴를 해야 한다. 신인선수는 기량을 연마하여 팀의 주축으로 올라서야 한다. 이 모든 일이 계획대로 진행된다면 걱정할 일은 없겠지만, 그게 생각처럼 쉽지는 않다.

열해져야 한다. 치열함을 유지하기 위해 각 팀은 움직인다. 당장의 우승을 목표로 하기도 하고, 가을야구를 할 수 있는 4위, 심지어 탈꼴찌까지 그들 각자에게는 목표가 있다.

 순위가 낮은 팀은 매해 우수한 신인을 지명할 수 있고, 재능을 가진 젊은 선수에게 더 많은 기회를 줄 수 있다. 팀의 코치진이나 프런트는 괴로운 상황을 몇 년 내 역전시킬 계획을 세우고 실천해야 한다. 리빌딩[1] 중인 팀의 팬은 상실감과 기대감을 동시에 품으며 심적 수련을 거듭한다.

 4월이면 올해는 할 수 있어! 믿고, 6월이면 여름에는 역전 가능해! 독려하며, 7월이면 후반기에 기적을 일으키자! 응원하고, 9월이면 내년에는 다를 거야! 주문을 건다. 건강한 분노다. 모든 분노는 믿음에 대한 배신에서 시작되므로.

 그러니까 야구팬에게 뭘 하고 지내냐, 잘 지내냐, 그런 말 하지 말자. 대신, 다른 인사말을 찾자. 오늘 엘지 팬찮던데? 요즘 롯데 잘 나가더라. 요새 기아 어떡하면 좋냐. 팀에 따라 6할은 좋은 인사, 4할의 위로와 격려. 혹은 그 반대.

시간이 지나면 리빌딩을 해오던 팀에게 좋은 소식이 들릴 것이다. 두 다리 사이로 수없이 알을 까던 유격수가 어느덧 국가대표가 되었고, 몸만 비대해서 돼지처럼 보이던 1루수는 상대 투수를 떨게 하는 슬러거가 되었으며, 마운드에서 땀을 뻘뻘 흘리며 사사구를 남발하던 마무리 투수는 강속구를 뿌리는 탈삼진 머신이 되었다. 이제, 당신은 강팀의 팬. 6할의 좋은 인사를 받아라.

승리에는 기뻐해야 하고, 패배에는 분노해야 한다. 그것이 좋은 야구를 이끄는 원동력이다. 이래도 흥, 저래도 흥, 이래도 좋아요, 저래도 멋있어요, 이래선 곤란하다. 야구팬은 대인배가 아니고 부처가 될 필요도 없다.

우리는 사실 아침에 일어나 학교가 끝날 때까지, 퇴근할 때까지, 아님 그냥 집에서, 얼마나 열이 받고 분통이 터지고 답답하고 짜증이 나는가. 당신과 나는 그것들을 대부분 잘 참아왔다. 현대인의 몸속에는 셀 수 없는 사리들이 제 몸을 불리고 있을 것이다. 그런데, 야구 보고 왜 참고 있나. 터트려라. 패배의 분노를. 당신의 분노가 리빌딩에 가속을 붙일 것이다.

나?

나는 야구 보고 있다. 글 쓰면서 틈틈이 문자 중계 본다.

잘 지내냐고?

잘 지내지 못한다. 어제 역전패한 분위기를 이어나가 초반부터 박살 나고 있다.

그렇다.

나는 지금 키보드를 부술 듯이 두드리며 머리를 쥐어뜯는다.

글이 안 써져서가 아니다.

그저, 야구가 져서 그런다.

내 맘대로 사상 최강팀

1989년 타이거즈_ 먼저 선동열이라는 투수가 있었다. 거기에 이강철, 조계현 등의 탄탄한 선발진과 한대화, 김성한 등 주축 타자의 집중력 또한 대단했다. 그들은 중요한 경기는 절대 놓치지 않았는데, 중요한 경기란 물론 한국시리즈를 말한다. 타이거즈의 검정 바지와 빨간 유니폼은 도합 9번의 우승을 이룬다. 당분간 깨지기 힘든 기록이다.

1994년 트윈스_ 신바람 야구는 트윈스 팬에게는 잊지 못할 허니문이다. 그것은 한국 야구의 바람이기도 했다. 핸섬한 신인 3인방(김재현 유지현 서용빈)은 그라운드를 휘저었고, 김용수 등의 투수진은 상대방 타선을 효과적으로 막았다. 절대 패배하지 않을 것 같은 분위기가 당시 잠실벌 트윈스 더그아웃에 있었다. 다시 그런 바람이 불었으면 좋겠다.

2005~2006년 라이온즈_ 강력한 전력으로도 우승을 경험하지 못한 라이온즈는 타이거즈 왕조의 심장이었던 김응룡 감독을 데려오고, 거물급 선수도 여럿 영입했다. 이승엽은 엄청난 홈런 페이스를 보였고, 앞과 뒤에는 마해영과 양준혁이 있었다. 원래부터 뛰어났던 타력이 투수진이 보강되고 나니, 그들에게는 앞으로 날아갈 일밖에 없었다.

2000년대 후반 와이번스_ 김성근 감독은 전 국민의 야신이 되었다. 2009년 불의의 일격으로 우승을 놓쳤지만, 선수들에게는 이미 승리의 DNA가 심어졌다. 그들은 질 것 같은 경기를 역전시키고, 이길 것 같은 경기는 결코 놓치지 않았다. 스타는 없었으나 모두가 스타였고, 모두 스타였으나 모두 팀원의 일부였다. 세계 어느 팀도 그들을 이기긴 그리 쉽지 않을 것이다.

야구 분노 2
_분노 조절법

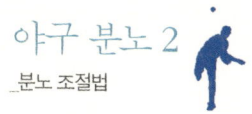

　모든 분노는 조절되어야 마땅하다. 야구에서 분노는 표출되어야 하지만 모든 방법이 허용되지는 않는다. 당신은 차오르는 분노를 생각보다 효과적으로 잘 조절해왔다. 무슨 소리냐고?
　나보다 나이도 어린 팀장은 회의 시간에 영어 단어를 섞어 쓰는 버릇이 있다. 영어 중간에 은근슬쩍 나에게 업무를 떠넘긴다. 분노가 치민다. 고민에 고민을 더한 끝에 입금한 중고 디지털 카메라는 판매자로부터 며칠째 소식이 없다. 사기인가. 미칠 것 같다. 돈 빌려간 친구는 최근에 차를 바꿨다던데, 여전히 돈은 갚지 않는다. 돈이 없단다. 환장하겠다. 대통령은 입만 열면 '내가 해봐서 아는데' 이런다. 경험주의자다. 아주 돌겠다.
　이런 고탄력 스타킹 같은 분노도 당신은 아주 잘 참아왔다. 그러니 이제 소파에 기대 맥주캔을 따면서 TV를 켜라. 아니면, 두근거리는 마음으로 당신의 좌석을 찾아가 드넓은 그라운드를 향해 소리부터 지르고 보라.
　이제 야구를 보는 것이다.
　야구를 본다. 야구 보며, 소리를 지르고 기대하고 악을 쓰고 실망한다. 야구 봤다.

하지만 좋지 않은 일은 북태평양 멸치 떼처럼 몰려다니게 마련이다. 사사구가 나오면 실책이 나오고, 실책 후에는 역전 홈런을 맞는 것과 같다. 돌려 말하지 말자. 당신이 응원하는 팀은 내가 어제 응원하다가 머리를 쥐어뜯은 바로 그 팀이다.

아, 이토록 타오르는 분노를 우리는 어쩐다? 텔레비전에 리모컨을 투척할까? 당신 손해다. 물병을 경기장에 던질까? 그건 곤란하다. 그럼 우리는 콧구멍을 뜨겁게 달구는 이 분노 덩어리를 어디에 어떻게 쏟아 내야 할까.

금기사항

투척 _ 분노로 얼룩져 뭐든 집어던지는 행위

집 안에는 함부로 할 물건이 없다. 그들은 아무런 잘못이 없는 그저 선량한 '살림'일 뿐이다. 그들 없이 당신은 훌륭한 삶을 살아갈 수 없

1. 김응룡과 참외

포털 사이트에서 '김응룡'을 검색하면 연관검색어로 '김응룡 참외'가 뜬다. 그가 부업으로 참외농장을 하는 것은 아니다. 1997년 잠실, 석연치 않은 보크 판정에 해태의 김응룡 감독은 거세게 심판을 몰아붙였다. 심판은 절레절레 고갤 흔들 뿐. 이때 관중석에서 투척한 이물질이 감독의 뒤통수를 강타한다. 잘 익은 참외였다. 관중은 심판을 겨냥했지만, 제구력은 형편없었다. 맞은 건 응원하던 팀의 감독이었다. 참으로 웃지 못할 상황. 야구장에서 참외를 깎아먹던, 몹시 다정하던 시절이었다.

다. 예컨대, 리모컨이 없는 일상을 상상해보라. 케이블TV를 보는 나로서는 클리닝타임에 걸그룹 뮤직비디오가 보고 싶으면 엄지발가락을 마흔두 번 까딱거릴 판이다. 발가락에 쥐 나면 답도 없다.

경기장에 맥주캔을 던진다고? 거기가 어디라고 함부로 던지는가. 누군가 업무시간에 실수를 저질렀다고 그의 노트북과 책상에 맥주캔과 컵라면 따위를 던지지는 않는다. 참외를 잘못 조준해 던져 홈팀 감독의 뒤통수를 맞추던 정겹던 시대'는 이미 흘러갔다. 우리는 그것을 '쌍 팔년 도'라고 부른다.

도발 _ 야구판에서 추방해야 할 해충의 왕

불법적인 정권의 강력한 의지로 프로야구가 만들어졌을 때, 사람들은 걱정했다. 국민들을 우민화하는 정책인 것이 분명해 보였다. 하지만 우리가 누군가. 우리는 야구는 야구대로 보면서 해야 할 것은 다 했다. 최루탄도 맞고, 서로 어깨도 걸치고, 그러면서 오늘이 온 것이다. 그럼에도 불구하고 아직까지도 뻔뻔한 얼굴을 지겹도록 들이미는 망령이 있다. 망령에 홀린 사람들은 야구팬을 가장한 채 여기저기서 길길이 날뛴다. 그들의 그라운드는 주로 인터넷 게시판의 댓글.

  홍어? 과메기?

  왜 훌륭한 음식을 들먹이며 망발인가. 먹을거리의 신성함을 더럽히지 말자. 그것들을 떠올린다. 벌써 침이 고인다. 가짜 팬들이여, 어서 망령에서 벗어나 홍어나 과메기 먹고 광명 찾기를. 지역감정은 쓰레기 중에서도 저급 쓰레기다. 분노가 아니다.

불펜 _ 경기를 복기하며 눈이 시뻘게지도록 하이킥

  좋지 않은 일은 빨리 잊을수록 좋다. 이기면 좋겠지만 5할만 이겨도 당신의 팀은 괜찮은 편이다. 그럼, 5할은 질 수밖에 없다는 결론이 난다. 오늘의 야구가 끝나가는 10시, 다른 구장의 경기결과를 살펴보고, 기록을 훑고 샤워하고 가벼운 마음으로 다른 취미를 즐겨볼까.

  가끔은 머리를 식히자.

  폭발하면 손해 보는 건 결국 당신이다.

당신의 삶은 지속되어야 한다.

예컨대 미국드라마는 어떤가? 하필 야구장에서 살인사건이 일어난다. 컴퓨터게임은 어떤가? 당신이 하는 게임은 야구게임뿐이고, 게임머니도 거덜 났다. 예능프로그램은? 연예인들이 야구 유니폼을 입고 실책으로 점철된 게임을 하고 있다. 어쩌지? 발이나 닦고, 자야겠다. 내일은 내일의 태양이 떠오르고, 서부전선은 이상 없고, 분노의 포도는 바람과 함께 사라질 것이다.

권고사항

까기 _ 기록과 경기분석을 통한 논리적 비판모드

내야 땅볼 치고 나서 1루로 터벅터벅 걸어가는 선수. 아웃이 되자 더 그 아웃으로 향한다. 그때 응원단장의 한 마디. 박수 한번 주세요! 타는 분노에 기름칠을 하는 격이다. 방금 아웃된 선수는 타율은 3할에 가깝지만 득점권 타율은 2할 2푼이 되지 않고, 승부와는 상관없는 상황에

2. 스탯(stats)

야구는 구기종목이지만 기록 경기이기도 하다. 선수들의 일거수일투족은 모두 기록으로 남는다. 그것은 아는 사람만 알 것 같은 영어 줄임말로 표시된다. OPS, ERA, IP, AVG 등의 뜻을 처음 보고 바로 알기는 힘들다. 선수들은 이런 기록을 모아 연봉을 산정받는다. 감독은 기록을 토대로 라인업을 짜고 작전을 세운다. 팬은 기록을 통해 야구 보는 눈을 키울 것이다. 몰라도 되지만, 알면 알수록 빠져들게 된다. 멈출 텐가? 검색을 하고 있는 당신의 손가락이 보인다.

3. 서효인

내 이름이지만, 야구 코치 중에도 서효인이 있었다. 나랑은 동명이인이다. 청룡과 트윈스의 포수였고, 같은 팀과 와이번스에서 코치를 역임하기도 했다. 현재는 유소년에게 야구를 가르치고 있다는 훈훈한 소식. 개인적으로 아는 사이는 아니다. 하지만 난 이 세상 모

서 스탯[2] 관리가 기똥차다. 그런데 뭘 힘내라고 박수를 치나?

잘 던지던 오른손 투수가 실투로 2루타를 허용하고, 8회 2사다. 다음 타자는 왼손잡이이지만 상대전적은 좋지 않다. 지금 투수와의 상대전적은 8타수 1안타. 그러나 감독은 투수교체를 단행한다. 왼손이니까 왼손으로. 이건 기계적이다. 지금 왼손 투수의 왼손타자 피안타율은 2할 7푼 5리이다. 역시나, 안타 맞고 점수 준다.

이럴 때 까자. 결과와 과정을 보고 면밀히 까자. 욕은 하지 말고, 저주도 퍼붓지 말고, 치밀한 논리로 까자. 그것이 분노의 참맛.

놀기 ― 좋았던 시절을 회상하며 다가올 호시절을 상상하기

야구로 수다를 시작하자. 우리 팀도 한때는 잘나가던 시절이 있었으니까. 즐거웠던 그때를 회상하면서 이야기꽃을 피우는 것이다. 이제 당신과 나는 밤을 샐 수도 있다.

은퇴선수 이름으로 빙고게임을 한다. '서효인[3]'이라는 야구 선수가 있었어. 포수였지. 진짜? 것도 모르는 너는 줄무늬를 사랑할 자격이 없

든 서효인을 좋아한다. 예쁜 이름이지 않은가.

네. 실패한 농담을 지껄인다. LA 다저스는 시합을 다 졌어. 뉴욕 메츠는 한이 맺혔어. 주옥같은 야구 명언들을 떠올린다. 내려갈 팀은 내려간다. 야구는 잘하는 놈이 잘한다. 결정적 순간을 묘사한다. 예를 들면 크나큰 헛스윙으로 벗겨진 헬멧 덕에 드러난 노장 타자의 빈약한 머리숱 같은 거.

마지막으로 장밋빛 미래를 그린다. 2군에 있는 선수가 모두 성장하여 에이스가 되고 홈런타자가 된다. 최근 부진한 선수는 원래 폼을 되찾아 날아다닌다. 생각대로 된다면, 내년은 우승이다.

웃기 _ 야구는 계속된다. 웃어라, 세상이 함께 웃을 것이다

의외로 진리는 간단하다. 우리보다 상대가 잘해서 우리가 진 것이다. 잘하는 상대가 있다는 건 얼마나 즐거운 일인가. 녀석들의 1번 타자는 4번 출루해서 도루를 두 번 했다. 녀석들의 유격수는 2루 베이스 위로 흐르는 타구를 잡아 물 흐르듯 1루로 송구했다. 녀석들의 5번 타자는 4번이 부진하자, 기다렸다는 듯 홈런을 때렸다. 녀석들의 선발 투수는

매회 주자를 내보내고도 고도의 집중력으로 대량실점 하지 않았다. 녀석들의 포수는 위기 때마다 무릎팍도사 같은 볼 배합으로 우리 타자들을 농락했다.
　그들은 정말 훌륭한 야구를 했구나!
　훌륭한 야구에 화를 낼 이유는 없다. 이기면 좋지만 져도 야구는 야구다. 때굴때굴 굴러오는 조그맣고 동그란 공 하나를 잡기 위해 그들은 엄청나게 노력한다. 그러니 웃어야지. 그래도, 내일은 쓴웃음 말고, 달게 웃게 해주오. 나의 팀이여.

　그렇지 않아도 우리 모두는 일상이라는 괴물에게 두드려 맞는 날이 많다. 많고, 거기에 가끔은 야구로 스트레스를 받는다.
　우리는 우리의 팀을 사랑하고, 대개는 팀이 팬을 사랑하는 것보다 더 사랑한다.
　그렇고 그런 관계에서, 더 사랑하는 자는 덜 사랑하는 자에게 늘 패하게 되어 있다.
　하지만 사랑이라는 게임에서 지면 좀 어떤가.

……

지면 당연히 어떠하지. 화가 난단 말이다.

그러므로 하루만 막 화내고 이야기하고, 놀자. 우리의 야구는 오늘이 지나면 내일 또 하고, 올해가 지나면 내년에 또 한다. 우리가 더 사랑한다고 해서, 질렸다고 휙 떠나버리는 강퍅한 애인은 아니란 말이다. 그러니 얼마나 좋아. 좋으면 좋다고 말하고, 적당히 분노하고 최대한 즐기자.

오, 그것이 나의 사랑, 야구를 잘 보는 법.

여기,
부드러운 한 남자가 있다

_번트(bunt)

점수를 짜내는 일은 사춘기 여동생 여드름 짜는 것만큼이나 힘든 일이다.

어떤 날은 봇물처럼 점수가 쏟아지고, 어떤 날은 필요한 단 한 점 때문에 애를 먹는다. 그리고 기억에 남는 점수는 대부분 후자에서 발생한다. 귀하기 때문이다.

귀한 점수를 모시기 위해 우리는 노력했다. 한 점만 뽑아내면 이길 수 있다.

십이 년 전이었나. 봉황대기 준준결승에서 고등학생 수준을 넘어선 투수끼리의 대결은 보통 이렇게 1점 차로 마무리되고는 했다. 어쨌든 이겨야만 전국대회 4강에 들고, 그래야만 사내와 친구들이 대학에 수월하게 갈 수 있다. 삼 년간 함께 운동한 친구들의 눈망울이 사내의 손목에 쏠려 있다.

사내는 손목의 힘을 풀고, 날아오는 공의 궤적에 정확하게 배트를 가져가 푹신한 잔디에 공을 굴리려고 한다. 3루 주자는 우리 팀에서 가장 빠른 녀석이고 사내가 잘 굴리기만 하면 주자가 홈에 들어올 시간은 충분하다. 사내는 준비를 했다. 감독님의 작전을 가장 잘 수행했던 선수는 바로 지금 타석에 있는 그다. 그가 타석에 있고, 모두 성공을 의심하지 않았다.

하지만 사내는 공을 높이 띄우고 말았다. 공은 지체 없이 앞으로 뛰어나온 빌어먹을 투수 놈의 품으로 가버렸고, 스타트를 끊던 3루 주자는 원래의 베이스로 돌아가지 못하고 횡사했다.

결정적인 순간에는 그런 장면만 기억나는 것이다. 작전 수행능력이 뛰어난 2번 타자로 활약하는 사내는 지금 중요한 경기의, 어쩌면 마지막이 될 순간에 서 있다. 평소에 희생번트조차 잘 시도하지 않는 우리 팀 감독의 벼락같은 스퀴즈번트 작전을 그들은 눈치 채지 못하고 있을 것이다.

공이 온다. 맞다. 지금 공을 던지는 저 녀석은 그때 빠른 공으로 사내가 시도한 필사의 번트를 하늘로 띄워 보낸 투수다. 그럴 줄 알았다는 듯 플라이로 가볍게 잡고 어깨를 으쓱하는 세리모니도 했었다. 그 덕에 4강에 가지 못한 고등학교 친구들은 며칠을 울었다. 사내도 물론 울었다. 그리고 그는 지금 매우 떨고 있다.

투수가 와인드업을 한다.
투수가 공을 놓는다.
투수가 던진 공이 빠르게 회전한다.
공의 실밥까지 보인다.
사내는 방망이를 슬쩍 앞으로 내민다.
두 손으로 방망이를 모시고, 공을 맞이한다.

공은 입맞춤을 하듯 살포시 방망이에 닿았다. 공은 1루 선상을 타고 흐르고 3루 주자는 홈인. 사내는 당연히 1루에서 죽었으나, 홈런을 친 것마냥 기쁘다. 너무 좋아하면 다음 타석에서 빈볼을 맞을 수도 있지만, 뭐 어떤가. 그는 복수에 성공했다. 스퀴즈에 성공했다.

스퀴즈squeeze는 꽉 쥐다, 쑤셔 넣다, 압착하다, 굳게 악수하다, 등의 뜻이다. 그는 모든 상처와 트라우마와 콤플렉스를 쥐어짰고 마침내 성

공했다. 그것은 단순한 희생번트가 아닌, 스퀴즈번트였다.

사내는 그렇게 번트 전문가가 되었다. 하위 타선의 견실한 선수로 알려진 그는 번트 성공률이 90퍼센트에 육박한다. 그는 희생의 달인이자 번트의 귀재다. 가장 중요한 순간에 그는 허리를 숙이고 무릎을 굽힐 줄 안다. 타구의 스피드를 죽이고 사나운 공을 얌전하게 돌볼 줄 안다. 중요한 능력이다.

상처의 기억이 별 재주가 없는 그를 팀에 없어서는 안 될 선수로 만들었다. 사내의 마음에 앉은 딱지는 사내의 마음을 더 강하게 만들었다. 사내는 거포도 아니고, 정교한 타자도 아니다. 그는 쉽게 떨지 않는 강심장이 되었다. 강심장은 번트를 잘 댄다. 그는 강하기 때문이다.

상처를 딛고 일어서는 사람은 강하다. 그런 사람은 자신을 희생시킬 줄 안다. 대부분의 번트는 희생을 전제로 행해진다. 번트는 고귀하다. 자신을 완벽하게 죽여야만 살려야 할 주자를 완벽하게 살릴 수 있다. 어설프게 자신도 살리고 하면 실패하기 십상이다. 번트를 성공한 선수에게 더그아웃의 선수들은 하이파이브를 청한다.

희생은 강요할 수 없는 것이지만, 야구에서는 희생을 강요받는 선수들이 있다. 그들은 강한 사내들이다. 희생을 아는 남자니까.

 이런 사내들도 있다. 어설프게 큰 스윙 휘두르면서, 공공장소에서 큰 소리치면서, 욕 잘하는 걸 자랑으로 알면서, 부인이나 애인을 때리면서, 세상을 사랑하는 방법을 모르면서 자신이 강하다고 생각하는 남자들. 마초라고 하기에도 낯 뜨거운 그들은 번트를 댈 줄 모를 것이다.

 번트는 공을 달래야 한다. 자신을 숙여야 한다. 주자를 살려야 한다. 파울라인을 살펴야 한다. 주위를 배려해야 한다. 조용하면서 굳건한 신념이 있어야 한다. 사랑하는 사람을 아껴야 한다. 세상을 두루두루 살펴야 한다.

 그걸 줄여서 '번트'라고 한다.

야구장에서의 시낭송

"야구장에 가서 시집을 꺼내 읽자!"

그런 아이디어를 누가 처음 발설했는지는 확실치 않다. 우리는 그저 피하고 싶었다. 우울함과 열패감을, 늘어짐과 퍼짐을. 상당한 기간 동안 성과 없는 스터디는 계속되었고, 술이나 안주 따위로 지겨운 위로를 건네기도 여러 날이었다. 전환이 필요했다. 거창한 전환은 아니고, 그저 기분의 전이와 순환. 미사여구를 빼고 말하자면, 그날 하루 우리는 놀고 싶었다.

시를 써오기로 한 날이었다. 우리는 혼자 시를 쓰는 외로움을 극복하지 못했다. 그래서 서로의 작품을 돌려 읽으며 나아갈 바를 진단해주기로 했다. 그것을 '합평'이라고도 말하는데, 각자의 글을 진심으로 평가해주는 자리라고 할 수 있다. 우리는 진심으로 스터디를 진행하기로 했으며, 처음에는 무진장 열심히 했던 것 같다. 시작이 반이라더니, 반이 조금 넘자, 삐걱거리는 소리가 들렸다. 무슨 일이든 시간이 지나면 열정은 시들해지고 불만은 커지는 법이다.

등단을 하거나 상을 받아오는 사람은 쉽게 나오지 않았다. 그것이 문제는 아니었다. 시를 잘 쓰고 있는지, 발전이 있는지 따위의 문제에 쉽게 답하지 못하는 우리 자신이 가장 큰 문제였다. 그리하여 운명처럼 모임을 시작한 이래 처음으로 누구도 작품을 가져오지 않은 초유의 사태가 발생한 것이다. 우리는 서로 눈치만 보고 싸구려 커피를 홀짝거렸다. 예전에 쓴 시를 두고 "어라, 이 시 봐라, 3연이 주옥같네?" 하는 농담도 통하지 않았다. 노력하지 않고 폼만 잡는 우리, 모두 유죄였다.

"오늘 야구 하는 날 아닌가?"
 홈경기가 있는 날이었다. 구성원은 야구팬 반, 물 반이었으니, 야구장으로 행선지를 잡기가 어려운 일은 아니었다. 돈이 없어 난민 생활을 하던 막내후배의 티켓은 가장 연장자인 내가 눈물을 머금고 사기로 했다. 손이 떨렸다. 하지만 돈 없다고 배 내미는 후배에게, 돈 없는 자는 티켓도 없다며 등을 떠밀 수는 없는 노릇이었다. 모자라긴 했지만 모진 사람은 못 되었다.
 경기가 시작하기 전까지는 아직 많은 시간이 남아 있었다. 그동안 우리는 빈 강의실에서 새로운 언어와 감각으로 주목 받는 젊은 시인의 시집을 몇 권 돌려 읽었다. 읽던 건 어떡하지. 늦게 가면 좋은 자리에 못

앉을 거야. 예약도 못 했잖아요. 돈도 없는 게 예약 타령은. 흐흐. 구박해도 따라갈 겁니다. 끌끌. 그럼…… 그럼? 그럼! 야구장에서 시집을 꺼내서 읽자!

괴상한 계획이 일단 세워지자, 없던 흥이 이단, 삼단, 자꾸 생겨났다. 우리는 괴상한 일에 대한 집착이 있었다. 그래서 몇 명이 몸을 움직였다. 이윽고 졸업반인 남자 후배가 뭔가를 들고 왔다. 두 명은 함께 들어야 세울 수 있는 종이 합판이었다. 거기에는 반짝반짝한 종이로 글자가 새겨져 있었다. "난, 네가 좋아."

이건, 1학년 녀석이 프러포즈를 한답시고, 풍선과 장미 따위로 동아리방을 더럽혔을 때, 창가에 붙어 있던? 맞아. 그거야. 내가 떼어버렸지. 잘했어. 좋았어. 바로 그거야. 보기에 거슬렸었어. 오빠 최고예요.

재빨리 홈팀 선수의 이름을 가장 큰 크기로 출력했다. 새내기의 풋풋한 사랑이 깃든 화려한 합판 옆에 A4로 출력한 선수의 이름을 붙였다. 그럴듯했다. '난, 네가 좋아'는 '리마, 난, 네가 좋아'로 바뀌었다. 복사실 아주머니께 드릴 돈이 아까워 이름이 두 글자인 용병을 택했다. 장당 100원이라니 이게 말이 되는 가격인가. 경기장 맥주는 비싸므로 학교 근처 슈퍼에서 맥주를 사 가방 속에 하나씩 넣었다. 하나만 먹어야 한다. 돈이 없어. 알아요. 우리는 뭔가 비장한 표정을 하고 있었다. 합판이 커서 가져가기가 쉽지는 않았다.

"자 이제 시집을 꺼내자."

시 쓰는 일 말고는 할 일이라고는 없는 잉여인간들이었다. 그래서 야구장에 일찍 도착할 수 있었다. 그리고 시를 읽기 시작했다. 한 연씩 돌아가며 정갈한 목소리로 낭송했다.

글러브

너를 깊숙이 끼고
생을 방어한다

내 심장을 관통하고
다음 타자를 쑤시기 위해 떠났던
한 톨 낟알의 기쁨이

덕지덕지 덩이져
거대한 부메랑 되어 날아온단다
전속력으로 나를 찾아든단다

쳐 내지 못했으면 받아야 한다
피 묻은 혓바닥을 할딱거리며 돌진해 오는
저 또랑또랑한 형이상(形而上)과

지금은 마주칠 시간

아가리를 부릅떠
당당 맞서라 맘껏 포효하라

넙죽 받아먹어라

쓸 것이다

오은, 『호텔 타셀의 돼지들』(민음사, 2009)

사람들이 흘깃거리며 우리를 쳐다봤다. 시를 읽는 시간은 원래 그렇게 쓴맛이 나는 법이다. 경기는 한 시간이 남았고, 우리는 간단한 퍼포먼스를 벌인 후에 밀물처럼 밀려오는 창피함과 무안함에 고개를 숙이며 낮은 소리로 웃었다.
　이런 곳에서 시 읽으니 좋구나. 별 말 없이 각자 가져온 책을 무릎에 펴고 읽었다. 맥주도 어느새 다 마셨다. 플레이 볼은 아직 한 시간이 남았고, 사람들은 서서히 야구장의 빈 공간을 채워나갔다.
　포물선을 그리며 해는 저물고 있었다. 찾아들어가야 할 글러브라도 있다는 듯이 얌전하게 몸을 기울이며 주위를 빨갛게 물들인다. 해가 저무는 각도로 사람들은 비스듬히 왼손을 펴 뜨거운 햇볕을 가린다.

선수들은 몸을 풀고, 공을 주고받았다. 글러브에 공이 들어가는 소리가 매끄러웠다. 133경기 중에 한 경기를 이렇게 우리는 보러 왔고, 우리 앞에 경기는 펼쳐질 것이다. 이기거나 질 것이지만, 상관없다. 우리는 소리 한 번 크게 지르고, 다시 삶의 구렁텅이로 빠져들기로 한다. 너무나 넓은 구렁이어서, 구렁인지 아무도 모르는 곳으로. 그래서 글러브로 받는 공은 이토록 쓴 것인가.

"우리 너무 일찍 온 거 아녜요?"
어딜 가나 응석에 투정 부리기 일쑤인 막내 후배가 벌써 지친 입술을 비쭉 내밀고 씰룩거린다. 진작부터 도착해서 좋은 자리를 잡고 시도 읽고 맥주도 마셨는데, 시간이 이렇게 안 가다니. 야구 하지 않는 야구장은 지루하기 짝이 없었다. 적어도 후배에게는 그랬다. 그럼 우리 시를 쓰자! 후배가 한쪽 입꼬리만 슬며시 들었다가 금방 내렸다. 비슷한 책망을 몇 번 더 들은 나는 결국 카드를 긁었고, 다음 달 재정이 걱정되어, 갑자기 엄마가 보고 싶어졌다.

지워지는 地圖

저녁이 되면 스스로 사막이 되는 방법을 연구한다 더 빨리 늙기 위해 천천히 걷고 뒤로 걷다, 갑자기 돌아서서 잊으려 했던 사람을 떠올리는, 조금 시큰한

지도는 조금씩 자라는 동물 같은 것이다 봉투를 뜯는 내 건조한 경력을 생각한다 아버지란 기호에선 캐치볼이 떠오르지만,

어느새 나와 아버지 사이 넓게 자리 잡은 이만 헥타르쯤의 운동장 이따금, 몰래 알약 반 개 같은 씨앗을 심지만 자라는 것은, 없다

방금 불어온 바람을 등지고 어리고 슬픈 내가 공을 주우러 뛰어간다 당신은 누구인가 이 글러브는 누구의 가죽이고 날아가는 것을 보면 왜 소리를 지르고 싶어지는가

계집애가, 오빠를 쫓다 터뜨리는 울음을 빙그르르 돌리는 저녁이다 더는 돌릴 수 없을 때까지 숨을 참는, 어쩌면 생활의 무늬란 그런 것이지 꼭 다문 입술의 주름 같은 것

그러나 죽은 사람은 아무것도 날리지 않는다 단단하게 여물어 열리지 않는 길의 가슴을 열기 위해 새빨간 태양이 넘어간다 잡기 위해 전력 질주하는 법 따위는 지운 지 오래

유희경, 『오늘 아침 단어』(문학과지성사, 2011)

경기는 난타당하는 홈팀의 투수를 구경하는 일이 전부였다. 별 내용 없이 크기만 대단했던 응원도구 덕에 우리는 중계카메라에 몇 번 얼굴을 내밀 수 있었다. 막내 후배는 얼굴이 보름달처럼 나왔다고 속상해했다. 실제로 녀석만 얼굴이 크게 나왔다. 가장 지겨워해서 통통 부은 게 분명했다. 그 얼굴은 카메라가 선택한 가장 흥미로운 얼굴이었다. 녀석

은 가만히 앉아서 견자見者의 자세로 야구를 관망했을 뿐인데.

  패배 속에서 스트레스를 풀었다. 내일부터는 이 구렁 속에서 조금 더 행복할 수 있을까? 야구장에는 갖가지 사람들이 갖가지 삶을 살다가 잠시 짬을 내어 모여 있었다. 그들의 삶은 모두 소중하다. 소중한 자의 두 눈이 모두 한 곳을 본다.

  우리는 시를 쓰고 시를 읽는다. 오늘의 게임을 합평하고, 내일의 시작詩作을 다짐했다. 경기 마지막에는 비까지 추적추적 내렸다. 뭐 되는 일이 하나 없는 날이어서 더 즐거웠다. 되는 일 없는 구렁의 곁에 앉아 시를 생각했을까. 그건 아니겠지. 옷이 젖어가고 있었다.

  몇 년이 지났다. 우리 대부분은 야구장이 가깝던 모교의 골목에서 서울이라는 거대한 도시로 거처를 옮겨야만 했다. 그리고 아직 시를 쓰고 시를 읽고 각자의 삶을 살고 있다. 그날 경기에 홈팀이 졌기 때문인가. 지금도 되는 일이 없는 날들을 연속으로 맞이하고 있는 것 같다. 이 구렁 속에서 행복하기란 얼마나 어려운 일인가. 동시에 얼마나 아름다운 장면들인가.

 우리는 성급한 억울함으로 폭투를 던지기도 할 것이다. 우리는 짜증과 울분으로 악송구를 던질 것이다. 과장된 포즈와 욕망으로 헛스윙을 할 것이다. 하지만 그 모든 것들은 오래된 정성으로 갈고 다듬어진 시간 속에서 존재함을 난 믿는다.

 "난, 네가 좋더라"

 라고 고백했던 1학년 친구는 지금 다른 여자를 잘 만나고 있다고 한다.
 역시, 다 잘 될 것이다.

2/3 Inning

미스터 징크스 1

신神의 여러 수

중요한 경기는 예매에 실패하고, 어쩌다 겨우 예매한 경기는 우천취소 된다. 이건 내 잘못이 아니다. 신의 잘못이다. 양준혁이나 이종범처럼 신神은, 함부로 은퇴하라고 밀어붙일 수 있는 분이 아니다. 그러나 불만은 좀 있다.

예전부터 야구장에 가기만 하면 형편없이 깨지는 것이다. 우리 팀이 하위권에서 헤매고 있을 때는 그러려니 하겠는데, 잘나가고 있을 때도, 미스터 징크스가 가는 날은 용케 진다. 2번 이기고 1번만 지는 호성적에도 불구하고 그 한 번이 나다. 2점대 방어율을 자랑하는 1선발도 5게임 중에 1게임은 저조하기 마련인데, 내가 가는 날이 그날이다.

로테이션이 돌다보면, 상대방 에이스가 최고의 컨디션일 때 맞붙는 수가 있는데, 내가 가는 날이 그날이다. 상대방 선발이 신인 투수라서 안심하고 경기를 보면, 아니나 다를까 처음 보는 구질에 우리 팀 타자의 방망이가 마구 헛돈다. 역시 내가 가는 날이 그날이다.

신은 한 수도 아니고 여러 수로 날 괴롭히고 있다. 벗어날 수 없는 운명인가. 왜 내가 가는 날마다 장날인가.

이건 모두 나 때문이다

신이 그렇게 한가할 리가 없지. 나에게 닥친 야구의 불행은 올곧이 내 탓이다. 그런 불행에도 이름이 있어, 그 이름이 징크스다. 나는 야 미스터 징크스. 패배를 부르는 사나이. 오랜만에 야구장에 왔다.

홈팀은 12:0으로 지고 있다. 2군에서 막 올라온 프로 7년차 오른손 투수는 오늘이 생애 첫 선발 등판이었다. 그리고 아웃카운트를 5개 잡는 동안 안타를 5개 맞고, 볼넷을 3개 내주었다. 2회에는 주자를 내보냈지만 실점 없이 투아웃까지는 잡았다. 그때 입단 동기인 유격수가 범한 에러. 뒤이어 연속 안타를 맞았다. 다 해서 6실점 했다. 4점 주고 내려왔으나 뒤이은 투수가 베이스를 밟고 있던 주자를 모조리 불러들였다.

저 투수는 내일이면 엔트리가 말소되고 2군 경기장에서 땀깨나 흘리

1. 빅 이닝(Big Inning)
세 타자가 아웃되면 이닝은 끝난다. 점수를 뽑기에 많지 않은 기회다. 그러나 어떤 이닝은 끝도 없이 이어지기도 한다. 같은 이닝에 타자 일순하며 전원 안타를 치기도 한다. 공격이란 불과 같아서 한번 번지면 불길을 잡기가 쉽지 않다. 그런 커다란 이닝은 일어나지 않을 것 같지만 한 번쯤은 일어난다. 빅 이닝이 한 게임에 자주 벌어지면 그 게임은 난타전이거나 수준 이하의 경기가 될 것이다. 야구는 일단, 막는 것이 우선이다.

겠지. 프로의 세계는 냉혹했다. 그리고 재수가 없다.

재수가 없는 건 나다. 절치부심해서 기회를 얻었을 (오래된) 유망주 투수에 대한 미안한 마음이 가슴 속에 먹구름처럼 몰려온다. 나는 기껏해야 일 년에 대여섯 번 야구장에 오는 죄밖에 없다. 그것이 죄라면 아주 큰 죄다. 그래서 시즌 막판 중요한 게임에는 되도록 야구장에 가지 않으려 노력한다. 불행 때문이다.

예를 들면 이런 식이다. 팽팽한 투수전을 펼치다가 불펜 투수가 뜬금없이 홈런을 맞아서 2:0으로 진다. 물론 홈팀은 산발 5안타. 활발한 타격을 벌이다가 경기 막판에 연속 실책, 밀어내기 볼넷, 바가지 안타로 상대방에게 빅 이닝[1] 선사. 무엇을 상상하든, 지는 건 늘 똑같다.

내 덕분이라는 걸 알아라, 이 녀석들아

그러니까 이런 불행을 집도하시는 분은 신이 아니라 징크스란 녀석이 분명하다. 하릴없이 섬세한, 순정마초 같은 자가 내 뒤를 졸졸 쫓아

오는 것 같은 섬뜩한 기분. 나는 안락함을 찾기 위해 이번 게임은 집에 있기로 한다. 친구들의 유혹을 뿌리치고.

　야구를 애써 멀리하고 집에서 밀린 빨래를 했다. 빨래를 기다리며 예능프로그램을 봤다. 보면 볼수록 빠져드는 텔레비전 앞에서 햇볕에 마르는 빨래처럼 걱정도 근심도 없는 세 시간을 보냈다. 아니다. 거짓말이다. 라이벌팀과의 토요일 야구 게임은 너무나 보고 싶어 미칠 만한 아이템이다.

　야구 금단 현상으로 좁은 방 안을 안절부절못하며 돌아다녔다. 빨래를 널면서 괜히 투구 폼을 따라했다. 타격 폼도 따라했다. 지고 있을까 이기고 있을까. 잠깐 채널을 바꿔 경기를 봤다. 동점이었다. 광고를 하고 있어 점수만 봤다. 다행이다. 녀석들은 즐거울까? 내가 끝내 야구를 보지 않아야, 친구들은 즐거울 것이다. 살신성인. 교우이신.

　경기가 끝날 시간이다. 야구를 보고 나온 친구들에게 전화가 온다. 이겼어! 저번 주에 4번에서 6번으로 강등된 한때 슬러거의 3점 홈런! 슬럼프에 허덕이던 선수가 그동안의 부진을 만회하는 천금 같은 장타로 팀에 승리를 안겼다. 나와! 한잔하자! 왜, 야구가 끝난 다음에야 친구들을 만나서 맥주를 마셔야 하는 건가. 그들도 내가 미스터 징크스라는 걸 알고 있다.

괜찮다. 녀석들은 야구 보면서 마신 술로 은근히 취해 있을 것이고, 만나자마자 한 게임 붙을 게 분명한 당구는 내가 이길 것이다. 모자를 쓰면 당구를 지는 징크스가 있으므로, 눌려서 떡이 진 머리를 왁스로 바로잡는다.

어떤 불행에도 굴하지 않게

우리 팀의 불행이 나 한 몸 야구장에 가지 않는다고 해결된다면, 세상은 얼마나 편할까? 그러나 그런 일은 없다. 자신만의 징크스에 몸을 부비며 뭔가 요령을 찾아보려는 당신, 그리고 나. 냉수 먹고 정신 차리자.

하지만 야구선수가 징크스를 극복하기 위해 행하는 몇 가지 습관은 야구팬에게 나름의 재미를 선사하기도 한다. 뛰어난 타자이자 외야수이기도 한 그는 타석에서의 습관으로 유명하다.

3. 여기서 퀴즈
다음 중 지금까지의 내용과 관련이 있는 인물은 누구일까요.
1) 그레코로만 레슬링 올림픽 결승전의 심권호
2) 수영 경기장 스타트 라인에서 음악 듣고 있는 박태환
3) 올드트래퍼드 벤치에서 심장 달구고 있는 박지성
4) 3점 슛 성공시키고 곧바로 수비수와 멱살 잡은 허재
5) 그냥 박한이

공 한 개마다 배팅장갑을 벗고 다시 낀다. 헬멧을 벗어 냄새를 맡는 포즈를 취한다. 그렇지는 않겠지만 쿵쿵거리는 것처럼 보인다! 제자리 점프 후, 홈플레이트 앞에 방망이로 금을 긋는다. 그러고서야 타석에 들어서는 그. 지루해하던 관중들도 이제는 느긋하게 그의 모든 의식들을 지켜볼 수 있게 되었다. 아니라고? 시청자들이여, 그럼 그 시간에 다른 채널에 가서 광고를 보고 오라. 대출 광고가 두 개 끝나면 그는 칠 준비를 다 마치고 타석에 들어설 것이다. 징크스는 안타를 치기 위한 의식이 아니라 아웃을 당하지 않기 위한 의식이다. 그리고 그^{3}는 대한민국 최고는 아닐지 몰라도, 팀에 필요하고 기술이 뛰어난, 훌륭한 타자이다.

그럼 같은 이유로 나, 미스터 징크스도 훌륭한 팬이 될 수 있는가? 이제 내가 가서 경기가 진다는 생각은 하지 않겠다. 불행을 방지하기 위해 불행에 맞서 싸우겠단 말이다. 이제 친구든 애인이든 부모형제든 누구와 함께든 야구장에 가는 걸 마다하지 않겠다. 어떤 시련에도 굴하지 않는 한 송이 꽃처럼.

불행도, 징크스도 없이

징크스와 야구가 맺어온 관계는 깊다. 그것은 결혼 전에 생년일시 같은 간단한 정보로 궁합을 맞춰보는 양가 어르신의 관계와 비슷하다. 찜찜함이 그들의 영혼을 잠식하는 것이다. 징크스는 저주의 맥락에서 쓰인다. 결코 행운의 결과를 가져오는 징크스는 없다. 징크스로 인해 만들어진 선수들의 버릇은 모두 저주를 피하기 위한 주술에 가깝다.

그들이 주술에 기대는 이유는 간단하다. 야구가, 어렵기 때문이다. 대부분 30퍼센트 이하의 성공률을 가진 타자가, 전 타석에서 빗맞은 안타라도 때렸으면, 수치상 또 안타를 때릴 확률은 적다. 방어율이 3점대인 투수가 2이닝을 무실점을 막았으면, 수치상 3이닝째엔 1점 이상은 실점한다는 계산이 나온다. 그러나 오늘 안타를 때린 선수는 안타의 감각이 남아, 비슷한 타구를 날릴 것 같은 생각이 든다. 반대로, 3할 3푼을 때리는 타자가 오늘 3타수 무안타이고, 4타석째 들어왔을 때는 어떤가. 야구는 최악의 결과를 상정해놓고 그에 대비하는 게임일지도 모르겠다.

4. 웨이드 보그스

명예의 전당에 헌액된 메이저리그의 대표적 타자. 통산 3010안타를 기록했으며, 영원한 3할 타자로 불린다. 그리고 징크스의 대명사이기도 하다. 홈구장으로 정확히 오후 1시 47분에 출근했으며, 4시 47분 전에는 절대로 운동장에 발을 들이지 않았다. 수비훈련시에는 1루와 2루 베이스를 찍고 3루 자리로 갔다. 돌아올 때에는 3루, 2루, 1루를 차례로 찍었다. 그가 행하는 이런저런 의식은 도합 여든 가지가 넘었다고 한다.

하지만 야구는 늘 연속된 불행이 엄습하다가 허겁지겁 해피엔딩으로 마무리 되는 막장드라마는 아니다. 모든 스포츠는 각본 없는 드라마이고, 각본 없는 막장드라마는 없다. 그것이 쪽대본이라 하여도. 야구는 야구를 예측하고 결말 지을 권리를 누구에게도 주지 않는다. 징크스의 신은 관대하지 않다.

신의 한 수

그 모든 불행과 행운이, 알고 보면 피나는 반복과 반복의 연속에 의해 완성되는 결과물이다. 웨이드 보그스[4]가 수많은 징크스를 지켰던 이유는 사실 불행을 피하기 위해서가 아니었다. 그것이 하루를 사는 방법이었다고 그는 말했다. 모든 선수 또한 매한가지다. 밸런스를 잡기 위해서다. 밸런스는 습관이다. 습관의 기저에는 몸의 리듬이 있다. 몸의 리듬은 반복 속에서 만들어진다. 누구보다 예민한 몸을 지닌 프로선수의 숙명일지도 모르겠다. 연습을 통해 다져진 몸은 스스로의 신이 되어

자기 자신에게 리듬을 부여한다. 내가 내 몸의 신이 되는 순간, 그 순간에 집중하는 것이다.

그래, 이제 이유를 알겠다. 나는 야구장에 자주 가지 않은 중죄를 지은 것이다. 한정된 우연을 리트머스 삼아 절대적인 필연으로 연결시킬 필요는 없다. 일 년 내내 야구장 가면 우리 팀의 승률만큼은 이기는 경기를 보지 않겠는가? 이것이야말로 어떤 불행도 모두 이길 만한 훌륭한 계책이다.

불행에 대한 성급한 일반화를 멀리해야겠다. 세 번 연애해서 세 번 모두 차였는가? 네 번째는 당신이 찰 것이다. 막걸리만 먹으면 개가 되는가? 막걸리 탓하지 말고 술을 줄이자. 전날 미역국을 먹으면 모의고사 점수가 엉망인가? 미역국은 미끈거리지만, 미역은 본디 끈질기게 바다에 부유하는 생물이다. 공부를 더 하자.

우리 몸과 우리의 시간과 우리의 삶을 스스로 컨트롤하면 좋겠다. 어려운 일로 보인다. 하긴, 제구력만 잡으면 리그를 평정할 젊은 투수들이 각 구단 2군마다 득시글하다. 그들과 우리에게, 모두에게 건투를 빈다.

미스터 징크스 2
_예매는 외로워

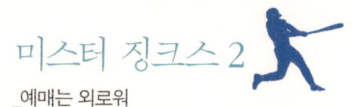

　미스터 징크스는 소설가 은 선배의 부탁을 받는다. 미국에서 손님이 오는데 이번 달에 볼 만한 야구 게임이 뭘까? 나란 남잔 좋아하는 이의 부탁은 물불 안 가리는 그런 남자. 사실 물도 불도 아닌 평범한 일에 불과했지만, 그달의 빅게임을 골라 내가 예매까지 하기로 한다. 그 정도 수고는 수고도 아니지. 걱정 말고 날 믿어요, 은 선배.
　믿기는 뭘 믿나. 나도 지금 나를 못 믿고 있는 실정이다. 사실 고향을 떠나 대한민국에서 최고로 괴물 같은 도시에 안착하고 나서는 야구 예매란 해본 적도 없단 말이다. 그래, 이번 기회에 한번 해보자. 나에겐 스마트폰도 있고 노트북도 있고 신용카드도 있다. 서울은 도전의 연속이고, 봉헌되지 않은 기회의 땅이려니. 정신이 혼미해진다.
　경기가 열흘 남은 날 오전 11시에 열리는 예매 사이트를 접속해, 빠른 속도로 지정석 4매를 클릭하고 차지한다. 이것이 나의 계획이었다. 오후 5시에 열리는 주말 경기는 더울 테니까 금요일 밤경기로 해서, 잠실의 밤하늘을 수놓을 야구공의 참맛을 느끼게 해드리자. 이것이 나의 창대한 원래의 계획이었단 말이지. 이건 어려운 일이 아니야. 암, 그렇고말고.
　11시 예매를 머릿속으로 반복하고 또한 확인하면서 지하철에 오른다. 지하철의 사람들은 고개를 숙이고 제 휴대기기를 만지작거린다. 밀어서 잠금 해제, 새로 고침, 랜덤 재생, 와이파이 재설정.

얼마 전 아버지가 스마트폰을 샀다며 연락을 해오셨다. 친구들 중에 첫 번째라고 자랑하셨다. 지방 소도시의 아저씨가 정보화의 선두주자에 섰다고 자랑, 최신기종이라고 또 자랑. '정보화'라는 말이 시기가 좀 지난 단어 같아서 웃음이 나왔다. 최신기종이라고 하지만 평가가 좋지 않다고 말할 수는 없어서 침묵했다. 전화로는 스마트폰 사용법을 가르쳐드릴 수가 없어요. 사람의 말로는 형언할 수 없는 기계들의 향연. 11시가 다 되어간다.

약속장소에 먼저 도착해서 노트북을 꺼낸다. 역시 길을 잃은 무선 인터넷. 세상에서 가장 긴 시간은 인터넷 창이 열리지 않고 있는 바로 그 몇 초다. 그날따라 더 심하다. 접속불량이다. 양아치 같은 기계야. 내가 너로 시를 쓰고 시집도 내고 지금 글도 쓰고 있다만, 조금 더 빨랑빨랑 움직이란 말이다. 부탁, 부탁입니다. 기계님.

나는 분명 꽤 이른 시간에 무선이 잡히는 곳에 앉아 대기중이었는데, 컴퓨터가 몇 번 늑장을 부리는 사이에 금요일 티켓은 매진이 되어버렸다. 내가 이래서 이번 시즌 시작하기 전에 노트북을 바꾸고 싶었다. 그러나 차마 몸 성히 잘 굴러가는 기계를 버릴 수도 없었다. 12개월 할부가 아니면 지르지도 못하는 미모사 같은 마음 덕에 이런 사태까지 온 것이다. 금요일 밤경기, 예매는 실패다.

우는 얼굴의 이모티콘을 여러 개 찍어서 선배에게 보내고, 토요일 경기도 괜찮겠냐는 문의도 함께 보낸다. 선배, 역시 쿨하다. 웃는 얼굴의 이모티콘과 함께 고맙다는 말이 문자로 온다. 뭐가 고마운가. 우는 얼굴의 후배는 오늘 오전만은 실패자다. 하지만 내일은 성공하고 말 것이다. 새로운 다짐을 한다. 새로운 작전도 필요하다.

다음 날은 과감하게 PC방에 가기로 한다. 갖가지 온라인게임이 무리 없이 돌아가야 하는 PC방의 컴퓨터는 당연히 건장한 신체를 자랑한다. 제 놈도 시인인 것마냥 쿨럭거리는 내 노트북과는 사양 자체가 다른 것이다. 자리를 차지하고 앉아, 물론 카드도 미리 꺼내놓고, 사정없이 클릭을 해야지. 군대 가기 전날, 마지막으로 했던 스타크래프트에서 시즈탱크를 재빨리 땅에 박던 그 화면을 떠올리자.

할 수 있다.

Ready to Roll out! Yes, sir! Move it!

지하에 있는 어두운 PC방에 들어갔다. 아르바이트생으로 보이는 청년은 비를 들고 있었다. 이제 오픈한 모양이었다. 그도 그럴 것이 이 시간에 PC방에 오는 성인남자는 거의 없으니까. 그렇게 이상한 눈으로 보지 말고, 에어컨이나 빨리 켜주었으면. 대망의 11시가 오기 전까지 컴퓨터는 잘 굴러갔다. 뉴스를 검색하면서 시간을 기다렸다. 정신이 팔릴까봐 걸그룹 기사는 보지도 않았다. 그리고 시간이 왔다. 시간이 와서, 예매를 하려는 순간.

멈췄다.

잘 굴러가던 건장한 기계가 멈췄다. 나는 소리를 질렀다. 오전 11시에 지하의 PC방에서 소리를 질렀다. 끝내기로 졌을 때도 나오지 않았던 단말마였다. 아르바이트생이 소방관처럼 뛰어왔다. 무, 무슨 일이세요? 예매가, 예매를, 예매로. 청년은 재빨리 자리를 바꿔주었다. 무조건 오늘 예매를 해야 한다. 모니터 속에서 속속 사라져가는 노란색 칸, 점점 채워지는 빨간색 칸이 나를 미치게 만들었다. 지정석도 놓치고 1루와 3루의 즐길 만한 자리도 놓쳤다. 결국에는 4인 가족을 2명씩 갈라놓은 채로 포수 뒤쪽 꼭대기 자리를 선배께 드릴 수 있게 되었다. 그나마 다행이랄까.

좋은 자리가 아니라고 쑥스럽게 말했다. 선배는 괜찮다고 했다. 약속을 잡았다. 절친한 오 시인을 데리고 선배를 만났다. 전달할 티켓도 고이 출력했다. 은 선배는 태연하고 우아한데, 어딘가 빈틈도 있는 선배. 비싼 밥을 사주었다. 넓은 접시 중앙에 조그마한 음식들이 담겨 나오는 식당이었다. 이봐, 나 홍대에서 은 소설가와 비싼 밥 먹는 남자야! 속으로 외쳤다. 고등어 파스타가 맛있었다. 스테이크는 고기니까 당연히 맛있었다. 와인도 좋았다. 그리고 표를 드렸다. 선배는 티켓 값을 현금으로 주었다. 3만 8천 원인데 4만 원을. 2천 원 남겨드리기는 뭔가 어색하지 않은가. 이건 지하철에서 커피나 뽑아 먹으리라. 나는 계산적인 남자.

선배도 만나고, 맛있는 밥도 먹고, 카드깡도 했으니, 행복한 저녁이었다.

장마가 일찍 시작되었다. 어렵사리 예매한 그날을 전후로 일주일 동안 서울에는 비가 내렸다. 경기는 당연히 취소되었고, 나는 제단 위의

 제갈공명이 되어 구름을 움직이고 싶었다. 그러나 북태평양 기단과 오호츠크 해 기단의 팽팽한 신경전은 오래 계속되었다. 긴 장마의 가운데였던 것이다.
 십 년 전 R.ef라는 아이돌 그룹의 노래에 이런 가사가 있었다. 열대우림 기우 속에 살고 있나.

 선배는 상암에서 재밌게 축구를 보고 있다는 연락을 해왔다. 고마웠다. 비 와도 경기하는 축구에도 고맙고, 선배의 문자에도 고마웠다.
 몇 분 후에는 환불처리되었다는 카드사의 문자가 왔다.
 이제 4만 원은 어떻게 해야 하는 건가? 난 이미 썼는데.
 재방송하는 야구경기, 잠실구장을 본다. 가득 들어찬 사람들의 함성. 와―. 저들이야말로 부지런한 서울 사람의 표상이구나. 암표 같은 건 애써 떠올리지 말자. 세 번째 도전에는 좋은 자리를 구해야지. 그리고 선배랑 야구장에 갈 거다.
 성공하면, 외롭지 않을 것이다.
 서둘러! 시즌이 끝나가고 있다.

🔴 야구와 비

우천취소_ 시작 전부터 비가 쏟아지면 그날 경기는 취소다. 당신이 예매한 표는 자동으로 취소되고 환불될 것이다.

노게임_ 5회까지 진행되지 않고 중단된 경기는 노 게임 처리된다. 한마디로 없었던 일이 되는 것이다. 홈런이고 안타고 그날 기록은 삭제된다. 당신에겐 추후 경기 일정이 안내될 것이다.

강우콜드게임_ 5회까지 진행이 마무리된 이후에 비로 경기를 진행시킬 수 없는 상황이 오면 강우콜드가 선언된다. 모든 기록이 인정되며 중단된 스코어로 승부를 가린다. 비가 마무리 투수가 되는 것이다.

서스펜디드게임_ 일시 중단된 게임이다. 야구 규칙에 따르면 '방문구단이 득점하여 리드를 잡고 본거지구단이 재역전시키거나 동점을 만들지 못했을 때' 서스펜디드게임은 선언된다. 홈팀의 사정을 더 봐주는 것이다. 다만, 비로 인해서는 거의 선언된 적이 없다. 누가, 나중에 다시 경기장에 와서 중단된 경기를 이어 보길 원하겠는가.

사이보그라면 안 괜찮아 _심판(Referee)

마라톤이나 3단뛰기, 접영이나, 스피드스케이팅 등의 종목은 판정 시비가 일어나기 힘들다. 단순함은 스포츠의 중요한 덕목 중 하나다. 타고난 육체와 땀과 노력에 의해 만들어낸 기록은 스포츠의 숭고함 그 자체다. 단순함과 숭고함은 일맥상통하는 데가 있어, 그것이 통하는 바늘구멍이 세계신기록이다. 세계에서 가장 빠른 사나이, 세계에서 가장 멀리 뛰는 여성. 그들은 바늘구멍을 통과한 훌륭한 육체들이다.

그들의 몸에는 모종의 숭고함이 흐른다. 그들은 위대하고 또 위대하다. 그 위대한 단순함에 판정의 옳고 그름이 끼어들 틈은 아주 좁다. 약물은 도핑 테스트로 거르면 되고, 극히 미세한 스피드의 차이는 발달한 기계의 힘을 빌리면 된다. 어지간한 실수가 일어나지 않는 이상, 기록 종목은 깔끔하게 끝난다. 결과에 승복하지 않을 이유가 없다.

복잡한 게임일수록 판정은 다난해진다. 축구, 농구, 배구, 세팍타크로, 수구, 핸드볼, 아이스하키가 그러하다. 거의 구기종목이다. 둥글어서 어디로 튈지 모르는 공을 선수들은 자유자재로 다룬다. 그들의 실수와, 그들의 능력과, 그들의 성패를 가늠해야 하는 것이다. 그것은 어렵고 또 어렵다.

우리의 야구가 특히 그렇다. 심판은 투수가 던지는 공 하나하나의 스트라이크와 볼의 여부를 판단해야 한다. 타자가 친 공이 파울인지 안타인지 선언해야 하고, 베이스를 지나간 주자가 세이프인지 아웃인지 알려줘야 한다.

그들은 충분히 훈련받았고, 보통사람보다 야구를 더 잘 안다. 그러나 우리가 누누이 들었던 바대로, 심판도 사람이다. 사람은 곧잘 실수를 한다. 그리고 실수는 아무렇지도 않은 상황보다는, 결정적 순간에 벌어지는 특징이 있다. 아주 나쁜 놈이다.

역전 점수를 위해 홈으로 쇄도하는 주자, 주자와 엇비슷하게 중계되는 공. 포수는 정확하게 포구를 마친 뒤, 태그를 시도한다. 거의 동시에 주자는 베이스를 찍은 것 같다. 이런 타이밍에서는 거의 아웃이었다. 그의 경험은 그의 뇌하수체에 그렇게 신호를 보낸다. '이건 아웃이야!' 자신만만하게 아웃 콜을 낸 심판은 심판의 권위를 내세우며 공격 팀의 항의를 물리친다. 경기는 곧 속행되고, 결국 그가 옳을 것이다.

과연 그런가?

1. 헤드퍼스트 슬라이딩
몸을 던지는 것을 슬라이딩이라고 한다. 야구에서는 야수가 공을 잡기 위하여, 타자가 베이스에 닿기 위하여 행한다. 특히 베이스로 맹렬하게 돌진하는 여러 슬라이딩의 모습은 야구의 박진감을 더한다. 헤드퍼스트 슬라이딩은 말 그대로 머리부터 들어오는 슬라이딩이다. 물론 머리보다 손이 베이스에 먼저 닿는다. 열혈남자의 슬라이딩이지만, 사회인야구에서 이 슬라이딩은 '며느리가 밥상 엎지른 동작'으로 변신하기도 한다.

 방송중계는 그의 판단과는 다른 입장을 분명히 했다. 진실은 대개, 카메라가 더 명확히 잡아낸다. 모니터 속 다시 플레이 되는 장면에서는 주자의 손이 먼저 베이스를 찍었고, 포수의 태그와는 꽤나 차이가 나 보였다. 심판은 포수의 덩치에 가려 날렵한 주자의 헤드퍼스트 슬라이딩[1]을 제대로 보지 못한 게 분명하다. 얄미운 방송사는 문제의 장면을 몇 번이고 보여줄 심산이다. 그리고 심판의 얼굴을 보여준다. 잔인한 편집이 그를 몰아붙이고 있다. 너도 심판이냐?
 물론 그는 심판이다.
 이날 그는 틀렸다. 그가 내린 판정은 대부분 옳았고, 앞으로도 그럴 것이다. 하지만 가끔은 또 틀릴 것이다. 그는 야구장에서 가장 많은 욕을 먹는 사람이다. 그토록 욕을 많이 먹으니 오래는 살겠다. 아니다. 오래 살긴 어려운 일이다. 강속구에 스핀을 더한 파울볼이 그의 몸 구석구석을 공격하기 때문이다. 심리적, 신체적 통증을 안고 다니는 그 이름, 심판.
 어떤 독사 같은 감독은 심리전을 펼치려고 되지도 않은 판정시비를 일부러 일으키기도 한다. 경험 없는 심판을 골라 실컷 악을 지르고 눈을 부라리면, 심판의 배짱은 졸아들게 된다. 어쩌면 잘못된 판정을 내린 후에, 비슷한 장면에서 아까의 일이 떠오를 수도 있다. 보상을 해줘야 하나? 쓸데없는 생각이 들더라도 어쩔 수 없다. 사람은 생각하는 동물이니까.

그러나 그들이 최대한 공정하게 생각하고 판단하고 신호함을 우리는 믿어야 한다. 심판을 믿지 못하면 야구는 진행될 수 없다. 야구의 심판은 다른 종목보다 더 많은 일을 한다. 더 위험하고, 더 욕을 먹는다. 8월 초, 주말 경기, 오후 5시부터, 대구구장 홈플레이트 뒤에서, 보호 장비를 걸치고, 세 시간을 버틸 수 있는 성인남자는 거의 없다.

버틸 수 있는 게 있다면 아마 기계일 것이다. 기계를 포수 뒤에 세워 놓고 판정을 내리게 하면 어떤 일이 벌어질까? 비디오 판정을 전 영역으로 확대한다면?

19세기 영국에서는 저임금에 시달리던 노동자들이 동맹 파업을 하며, 기계를 부수는 등의 노동운동이 벌어진다. 이를 '러다이트 운동'이

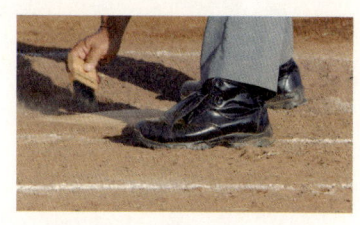

라고 하는데, 기계화가 일어나면서 기계보다 못한 대우를 받은 노동자(사람)가 분노한 것이다. 엄연히 다른 경우이지만, 사람인 운동선수가 기계인 심판의 판정에 승복하는 모습은 어색하다. 내가 연패중인 팀의 슬럼프에 빠진 선수라면, 삼진을 당한 후에 그 기계를 방망이로 으깨버리는 퍼포먼스를 할지도 모른다. 한순간에 직업을 잃어버린 전직 심판들의 러다이트 운동이 벌어지지 않으리라는 법도 없다.

심판은 사람이고 사람은 실수를 한다. 그들의 직업은 다른 이의 직업보다 실수에 더 많이 노출되어 있다. 그들의 실수는 거의 생중계되고, 그들의 실수에 분노하고 상처받는 사람 또한 무수히 많다. 글을 쓰고 있는 나 또한 상처받았다. 왜 저게 볼인가? 저게 세이프가 아니라, 아웃이라고? 심판 눈이 어떻게 된 거 아냐?

이런 이유로 화를 내는 것도 야구의 일부다. 하물며, 심판은 당연하게도 야구의 일부다. 심판을 사랑할 수는 없겠지만, 그들이 최선을 다하고 있다는 사실은 인정할 필요가 있다. 우리가 잊고 있는 점이 있다면, 그들이 틀린 판정보다 옳은 판정을 훨씬 많이 한다는 사실이다. 우리는 우리도 모르게, 유리한 판정은 좋은 판정이고 불리한 판정은 구린 판정이라는 짜리몽땅한 잣대를 들이밀고 있진 않은가? 나는 몇 번 그랬던 것도 같다.

심판 또한 그들의 권위를 더욱 세심하게 정립할 필요가 있다. 선수 또는 감독과 다투면서 끝내 퇴장 명령을 아껴야 할 이유는 없다. 심판이 가장 멋져 보일 때는 경기장 밖으로 손가락을 가리키며 경기를 방해하는 누군가를 퇴장시킬 때이다. 이때 콧바람을 씩씩 불며, 경기장 밖으로 나가는 감독의 모습 또한 멋지다. 하지만 다툼을 대충 마무리하고 서로 아무 일 없다는 듯 '좋은 게 좋은 거야'라며 각자 자리에 돌아가는 건 어색하다. 아무도 멋지지 않다. 칼을 뽑았으면 무라도 썰란 말이다.

심판은 사이보그가 아니다.
그들은 인간이다. 선수들의 선배이면서 감독, 코치의 후배이기도 하다.
아버지이고 남편이고, 아들이다.

사이보그가 아니니까,
괜찮다. 내일은 내일의 판정이 더 멋진 경기를 완성시킬 것이다.

Part III

3/3 Inning

야구는 언젠가 끝나게 마련이다.
끝나는 시간이 정해져 있지 않지만
그래도 끝난다. 그리고 다시 시작한다.
당신과 나의 시간은 언제까지일까.
다시 시작할 수 있을까.
끝과 시작은 맞물려 있고
지금이 지나면 다음의 지금과 인사를 나누어야 한다.
- 안녕, 안녕

끝날 때까지는 끝난 게 아니다.
-요기 베라 (포수, 뉴욕 양키즈)

그녀의 베이스를 훔쳐
_야구장에서의 연애 코치

그녀의 이름은 베이스볼 초보 미인. 아름답다. 하지만 야구를 모른다.

이런 기회는 날이면 날마다 오는 게 아니다. 그녀와 당신이 어떻게 될지 아무도 모른다. 야구처럼. 하일성 해설위원의 저 유명한 야구 명언[1] '야구 몰라요[2]'가 괜히 성행하는 게 아니란 말씀. 하지만 그 말이 사실 "이 상황에서는 작전이 나올 가능성이 높아요"라고 말해놓고, 아무런 작전 없이 뜬금없는 홈런이 나왔을 때, 헛헛한 웃음소리를 내며 면피용으로 하는 말이라는 거, 알 사람은 다 안다. 하지만 인정하자. 야구는 정말 모르겠다. 알면 알수록 어렵다. 하일성 위원이 어렵다는데, 나와 당신 정도가 알면 얼마나 알겠나.

알고 있다. 매일 저녁 야구중계를 보고, 야구중계 끝나면 하이라이트 프로그램 보고, 끝나면 인터넷으로 야구기사를 살펴보며, 중요한 경기는 꼬박꼬박 경기장에 가려고 하는 당신. 그러는 당신이 잘 모르는 야구. 나도 잘 모르겠는 야구. 당신의 애인은 잘 알고 있는가. 야구장 데이트가 청춘의 로망으로 떠오르고 있는 지금, 오히려 야구장에서 사소한 (연인관계에 사소함이란 없다) 말다툼이 심리적인 소모를 일으키고 있다

1. 야구 명언

야구는 말이 많다. 그렇다보니 명언도 많다. 다른 종목에 비해 말할 기회도 많고, 입담꾼도 많다. 야구가 특별한 점은 다음에 있다. 인생을 중간 중간에 끊임없이 돌아본다는 것. 느린 화면으로 리플레이되는 인생의 배경음악으로는 야구 명언이 딱이다.

2. 하일성

하일성 하면 작두해설로 유명하다. 어차피 작두는 모 아니면 도다. 베이던지, 타던지. 틀리는 경우에는 '야구 몰라요'나 '역으로 가네요' 하면 넘어갈 수 있다. 1991년 한일슈퍼게임 1차전에서 한국은 도쿄돔의 위압감 때문인지 변변찮은 게임을 하고 있었다. 이때 타석에 김성한이 들어오고 투수는 이라부였다. 하일성이 말한다. 김성한이라면 이라부 상대로 홈런을 칠 수 있어요. 결과는? 오리궁둥이는 힘차게 배트를 돌려 도쿄돔 바깥으로 공을 날려버렸다. 작두는 작두라는 말이다.

는 점에 우린 주목해야 한다.

야구장에 가자고 설레발을 친 당신에게 쏟아지는 애인의 질문공세. 물어보는 것이 예의이며 귀여움의 발로인 듯이. 이른바 당신의 상대는 그 유명한 베이스볼 초보 미인. 과장하자면,

"어제도 야구했는데 오늘 또 해?"
"저건 왜 홈런이 아니고 파울이야?"
"저건 안타야?"
"글러브로 잡았는데 왜 안타야?"
"땅에 닿으면 다 안타야? 아까는 왜 죽었어?"
"왜 뛰어다녀?"
"언제 끝나?"

이쯤 되면 야구 좀 보고 싶은 당신의 참을성은 바닥을 드러내기 시작한다.

"말해주면 아냐? 그냥 분위기 타면서 신나게 보면 안 돼? 다 설명한 건데 왜 자꾸 물어봐? 나 지금 야구 보고 있는 거 안 보여? 답답하게 굴래? 진짜 몰라서 물어보는 거야, 아님 나 약 올리는 거야? 그냥

3. 허구연

하일성과 더불어 한국프로야구 해설의 쌍두마차. 그의 특유의 발음이 가장 특징적으로 드러난 발언이 올림픽 한일전에서 홈런이 터져나왔을 때의 "됐쓰요"다. 편파중계를 마음 놓고 할 수 있었던 국가대항전에서 그는 대단한 혈기를 보였다. "후지산이 무너졌어요" "지지 사토 고마워요" 등의 어록은 선수 못지않은 인기를 그에게 선사했다. 변화구를 '베나구'로, 권혁은 '귀녁'으로, 세이프를 '셰입'이라 발음한다. 인프라에 관심이 많아서, 해설의 마무리가 야구장 시설과 지자체의 관심 촉구로 흐르는 경향이 있다.

사람들이 좋아하면 따라서 좋아하면 되잖아. 잠자코 있으란 말이야, 이 가시내야!"

라고 말할 수는 없는 노릇이다.

야구를 전혀 모르는 애인(혹은 그런 관계로 발전시키고 싶은 누군가)과 처음 야구장에 간 당신. 당신은 당신의 품격을 좀 더 고양할 필요가 있다. 어차피 같이 가자고 바람 넣은 사람은 당신이었을 테니, 좀 참고 야구에 대해서 아는 만큼 조곤조곤 알려주어야 마땅하다.

그러나 당신도 그러고 싶었고, 나도 그러고 싶었으나, 야구라는 거 참말로 어렵다. 하기 싫어서 안 하는 게 아니라니까! 그래도 하자. 해야 한다. 당신이 진정한 야구팬이라면, 그녀와 당신의 관계를 '야구 몰라요'보다, '됐쓰요[3]'로 만들어야 한다. 사랑은 인생의 금메달 아닌가 말이다.

그래서 준비했다.

1주 완성! 야구 몰라요,를 위한 즉석 야구 강의

설명을 즐겨라

물론, 족집게 영어강사가 영어를 잘하리라는 보장은 없다. 그러나 잊지 말라. 그 영어강사는 영어를 잘하는 척할 줄 안다. 그리고 영어를 즐긴다. 당신은 변화무쌍한 야구를 보며, 나는 야구를 아직 잘 몰라, 하며 실망한다. 하지만 그런 겸손한 태도는 이런 상황에서는 아무짝에도 쓸모없다. 베이스볼 초보인 그녀 앞에서 당신은 야구 전문가가 되어야 한다. 그리고 자신감 있는 표정과 거침없는 언변으로 눈앞에 펼쳐지고 있는 복잡한 공놀이를 풀어 설명해야 하는 것이다.

두려운가? 두려움을 떨쳐라. 당신은 지금 유리한 볼 카운트에 와 있다. 상대방은 야구를 모른다. 뭐 어떤가? 당신이 아는 부분만 자세히 말해주면 된다. 솔직히 인필드플라이, 삼진 낫아웃 상황, 보크 기준, 태그아웃과 포스아웃의 경우 따위야 알 게 뭔가. 넘어갈 건 넘어가자. 수리영역 8등급 학생에게 적분 응용문제를 가르치려는 과외 선생은 곧 잘리게 마련이다. 이제 당신은 두려울 것이 없다.

모범 답안

저기가 1루야. 시계방향으로 2루, 3루가 있지. 주자가 나가서 죽지 않고 돌아오면 1점인 거야. 세 번 죽기 전에 들어와야 점수가 돼. 3번 죽기 전에 타자들은 베이스에 진루하고 한 걸음 더 나가려고 노력하지. 홈런을 치면 한 방에 해결되지만, 안타도 괜찮아. 한 번에 2루까지 가면 2루타야. 3루까지 가면 3루타겠지? 그렇지. 이해가 빠르구나. 스트라이크는 타자가 칠 수 있는 곳으로 공이 갔는데, 타자가 헛스윙하거나 지켜만 보고 있으면 생기는 거야. 치긴 쳤는데, 선 바깥으로 나가면 파울이야. 투 스트라이크 이후로는 파울은 그냥 노플레이야. 그리고 저건, 그리고 요건, 그건 그렇고 이건……

오답노트

듣는 사람이 어느 정도 야구를 알고 있는 경우가 있다. 상대방의 배경지식을 파악하고 공략에 들어가자. 말주변이 없으면 상대방이 지루해할 수 있으니, 말하는 중간에 적당한 개그를 칠 것. 예를 들어 최양락 성대모사 같은 거.

4. 키스타임

여자와 남자가 다정히 야구를 보고 있으면 가끔 전광판 화면이 둘을 비추기도 하는데, 이때 뽀뽀를 하는 아름다운 관습이 성행중이다. 맥주캔을 던지고 선수에게 욕을 하는 추억보다 옆 사람과 입술이 닿는 추억이 더 아름다울 것이다. 야구장은 아름다운 공간이고, 그곳에서 추억 또한 아름다워야 한다. 옆자리의 그녀처럼.

숫자에 예민해져라

야구에 쓰이는 숫자는 다른 종목을 압도한다. 전광판부터 보라. 알 수 없는 숫자들이 맹렬하게 나열되어 있다. 당신은 대기업의 흑막을 폭로하는 회계사처럼 비장한 표정으로 숫자들의 비밀을 알려주어야 한다.

전광판을 지배하는 자가 야구장을 지배한다. 전광판은 키스타임[4] 시간, 솔로부대들의 전투욕을 상승시키는 화면을 비추라고 만들어놓은 게 아니다. 야구의 비밀이 곳곳에 숨겨진 곳이 전광판이다. 전광판에 쓰인 숫자의 비밀을 알려주는 것부터 당신의 야구 설명은 시작되는 것이다.

숫자의 의미를 하나하나 추적하여 야구의 비밀을 풀어헤치는 당신의 자신감에 그녀는 어느새 당신의 팬이 되어 있을 것이다. 말을 더듬거리는 건 좋지 않다. 그건 숫자와 어울리지 않는 행동이다. 숫자는 항상, 다음의 숫자를 준비한다. 숫자는 무한하고, 영원히 이어질 야구 기록의 몸통이다.

모범답안

저기 전광판 보이지? 야구는 전광판을 볼 줄 알아야 해. S는 스트라이크야. 점이 두 개밖에 없지? 세 개면 어차피 아웃이니까. B는 볼. 세 개인 이유가 뭐겠어? 그렇지. 4개면 어차피 사사구니까. O는 아웃이지. 점이 두 개인 이유는 말할 것도 없겠고. 자긴 똑똑하니까. 선수 옆에 쓰여진 숫자가 뭔지 알아? 아니. 그건 타순이고. 수비 위치를 말하는 거야. 투수는 1번, 포수는 2번, 1루수는 3번, 2루수는 4번, 3루수는 5번, 유격수는 6번...... 유격수가 잡아서 2루수에게 던져서 주자를 아웃시키고 2루수가 1루수에게 다시 던져서 타자를 아웃시키면 더블 아웃이잖아? 그 숫자를 연결하면 6-4-3으로 이어지는 더블 플레이가 되는......

오답노트

야구장에 일찍 가라. 만원인 야구장에 늦게 도착하면 자리 잡는 데 시간 소모하고 체력 낭비를 할 것이고, 그럼 전광판 따위는 눈에 들어오지도 않는다. 어릴 때부터 숫자를 멀리한 상대에게는 개그를 칠 것. 예를 들어 이문세 모창 같은 거.

상황에 몰입시켜라

 당신은 오늘만은 해설자가 될 필요가 있다. 승부에 연연해 상황에만 집착하다보면 어느새 당신 옆자리의 미녀는 유니폼을 걸어도 좋을 만큼 입이 비쭉 나와 있을 것이다. 그녀에게 관심을 끊지 말 것. 야구팬으로 품격을 고양시킨 당신은 결정적 상황이면 더욱 늘어나는 멈춤의 시간을 흘려 보내지 말아야 한다. 대개 승부처에서는 투수가 교체되거나, 타자가 시간을 끌거나, 코치가 마운드에 오르곤 한다. 그때 두 손 모으고 기도만 하고 있지 말고, 상황을 상대에게 알려야 한다는 말이다.
 야구팬의 입장에서 야구장의 시간은 참으로 빨리 가지만, 당신을 따라 야구장에 온 그 사람은 그렇지가 않다. 뭔놈의 스포츠가 움직이는 시간은 얼마 없고 선수들은 가만히 서 있기만 하나. 초보인 그녀는 사실 지금 굉장히 지루한데 당신 때문에 참고 있는 것이다. 그녀를 내버려두지 마라. 지금 그녀의 구원투수는 바로 당신뿐이다.

모범답안

 지금이 7회잖아. 저 팀은 뒤에 나오는 투수가 강해서 8회나 9회에는 점수

를 뽑기가 어려워. 우리 팀은 뒤에 나오는 투수가 약해서 꼭 점수를 주곤 하지. 지금 동점이지만 우리가 불리한 이유야. 그런데 원 아웃에 주자가 1루와 3루에 있으니 기가 막힌 기회 아니겠어? 선발 투수가 던질 수 있는 공이 정해져 있는데, 지금 그 숫자가 간당간당한가봐. 교체를 망설이고 있어. 이때 점수를 뽑아야 이길 수 있지. 아까 더블 아웃 설명했지? 원 아웃이니까 더블 아웃이면 3루 주자가 들어와도 점수로 인정이 안 돼. 그러니까 투수는 땅볼을 유도하려고 공을 낮게 던질 거야. 낮게 던져야 방망이 밑을 맞고 공이 아래로 가니까. 사실 지금은 멀리 높게 쳐서 죽어도 1점은 들어와. 그걸 희생 플라이라고 하는데……

오답노트

당신이 한참 상황에 대한 열변을 토하고 있을 때, 우리 팀의 적시타가 나온다. 혹은 삼진을 당한다. 적시타라면 당신은 제대로 보지 못한 아쉬움을 삼키며 기뻐하고 말겠지만, 삼진이라면 이성을 잃을 수도 있다. 평소에 욕 같은 건 하지 않는 당신이라도, 야구팬들은 이해한다. 그 순간에 욱하며 쏟아지는 된소리들. 그러나 당신과 함께 야구장에 온 그녀는 이해하지 못할 것이다. 머쓱한 그 순간에는 개그를 할 것. 예를 들어 둘리 춤 같은 거.

선수의 면면을 알려라

어차피 야구도 사람이 하는 것이고 매력적인 사람 곁에는 사람이 모이게 마련이다. 다소 긴장감이 없는 게임에서는 각 선수에게 주목하는 것도 야구를 보는 좋은 방법이다. 특히 베이스볼 초보인 그녀에게 더욱 효과적이다.

선수를 좋아하려면 선수를 알아야 하는 법. 그러나 얼굴과 몸매로 판단하여 선수를 좋아하는 것은 당신이 보기에 옳지 않다. 당신이 야구선수보다 외양적으로 잘날 확률은 매우 적은 것이 사실이다. 그들은 대부분 키가 180센티미터가 훌쩍 넘고, 튼실한 허벅지와 건장한 팔뚝을 지닌 신체 건강한 억대연봉자일 가능성이 크다. 당신은?

우울한 이야기는 집어치우자. 팀의 레전드나, 특이한 이력과 사연이 있는 선수, 기록 행진중인 선수를 알려주자. 선수가 나올 때마다 잘하는지, 빠른지, 슬러거인지, 수비를 잘하는지 정도는 미리미리 정보를 주는 센스를 기르자. 당신의 입은 최대한 바빠야 한다.

모범답안

저 유격수를 봐. 키가 160이 겨우 넘어. 멀리서 봐도 작아 보이지? 우리나라뿐만 아니라 전 세계 1군에서 가장 단신일걸? 근데 공 잡는 거 봐. 어, 지금 간다. 잘하지? 역시 야구는 키로 하는 게 아니라니까. 지금 상대방 투수는 키가 2미터가 넘는데, 둘이 같이 서 있으면 어떨까? 지금 타석에 선 선수는 작년 신인왕이야. 신인치고는 늙었다고? 프로에 와서 3년 동안 거의 경기를 못 나가다가, 군대까지 다녀오고 이제야 기량이 폈거든. 그렇지. 대기만성이지. 팀에서 두 번이나 쫓겨났는데 다시 재기한 거야. 인간승리랄까. 저기 외야수는 나이가 마흔 살이 넘었어. 우리 팀장이랑 동갑인데, 팀장은 배가 산처럼……

오답노트

아이돌 뺨치는 꽃미남 선수들은 그라운드에 차고 넘친다. 그녀의 관심이 그들에 집중되지 않도록 신경을 분산시켜야 한다. 베이스볼 초보인 그녀가 이대형이나, 심수창, 이용규를 지나치게 유심히 보고 있으면 개그를 칠 것. 예를 들어 샤이니 노래 흉내 같은 거.

막대풍선을 불어라

야구장이 야구 초보자들에게 가장 크게 어필하는 매력은 화끈한 응원전이다. 응원단장은 당신보다 야구를 잘 안다. 그녀에게 무엇이 가장 필요한지도 안다. 그것은 흥성흥성한 분위기다. 당신, 집단적인 응원이 썩 맘에 들지 않는가? 당신, 그녀와 함께 간 야구장에서 치어리더를 쳐다보기가 쑥스러운가? 쿨하지 못해 미안한가?

그럴수록 자기 자신을 버리는 것도 좋다. 이런 관전법도 있고 이런 응원법도 있는 것이다. 언제나 심각하게 팀 순위와 개인기록만 꼼꼼하게 지켜보며 탄식이나 하고 있을 건가. 당신은 오늘, 야구장에서 데이트를 한다. 야구관전에 방점을 찍어야 하나, 데이트에 방점을 찍어야 하나. 정답은 당신이 그녀를 얼마나 좋아하느냐에 따라 달라질 것이지만.

명심하라. 야구는 내일 또 한다. 하지만 그녀는 내일이면 없을 수도 있다! 앞서 말한 설명을 기회마다 착실히 해나가면 그녀 또한 당신 못지않은 야구팬이 될 것이다. 그러니까 오늘은 우선 막대풍선 사서 바람 빠질 때마다 빵빵하게 입으로 불어넣어줘야 한다. 폐활량이 부족하고 입이 아픈가? 평소에 운동을 하라. 누워서 야구만 보지 말고.

모범답안

빠빠 빠빠빠 ○○○ 안타! 빠빠 빠빠빠 ○○○ 홈런! ○○○! 날려버려! ○○○ 날려버려! ○○ 없이는 못 살아. 마! 예끼! 아야 날 새것다! 뭐야! 무적○○! 최강○○! 등등.

오답노트

큰 점수 차로 맥없이 질 경우, 질 수가 없는 경기인데 어이없게 역전패했을 경우. 당신은 도저히 응원할 맛이 안 난다. 풀이 죽었다. 그러면 그녀도 풀이 죽을 것이다. 야구도 지고 연애도 실패다. 그럴 땐 기분전환 겸 개그를 칠 것. 예를 들어 끝없이 막대풍선을 부는 달인 흉내 같은 것.

이기기도, 지기도 하는 야구다.
좋기도 밉기도 하는 게 당신과 그녀다.
그리고 항상 지는 게 당신이다.

어쩐지 야구가 그렇게 좋더라니. 아니다. 당신과 나는 항상 야구에게 져왔다. 만날 화내고 안달복달하며 결국 다시 찾아오는 건 당신과 나였지, 야구는 아니었으니.

'야구 몰라요'였던 그녀가 야구팬이 되었다. 당신이 응원하는 팀의 저지를 입고 야구 모자를 쓴 그녀는 얼마나 아름다운가! 오늘도 내일도 그 다음 날도 당신은 그녀에게 지겠지만, 멀리 보면 팬은 항상 이겼다. 떠나지 않고 그 자리에 있을 때, 야구와 그녀는 결국엔 웃는 얼굴을 보여주니까.

당신과 나는 야구와 그녀를 영원히 모를 것이다. 모르면 어떤가. 내 곁에 있으면, 그걸로 "돼쓰요!"

모범답안
열심히 사랑한다.

오답노트
그 외 모든 것.

스윙하라, 루저를 위하여

 글 쓰는 사람들이 야구를 한다고 모였다. 편집자와 소설가, 시인과 평론가, 그런 종류의 주변부 인간들. 그들은 거의 져왔고, 앞으로도 그럴 가능성이 매우 농후하다. 하지만 사실은 우린 아무에게도 진 적이 없다. 정신만은 승리해왔던 것이다. 문인 야구단의 위대한 정신 승리 비법을 소개한다. 때는 팀이 초창기 시절인 2009년 겨울의 목동야구장.

야구밖에 난 몰라

 그랬다. 그때는 몰랐다.
 우리가 이렇게 많이 질 줄은, 진정 몰랐다.
 월드컵 공원의 빈터에서 되지도 않은 펑고를 치다가 경비 아저씨의 퇴장 명령에 주섬주섬 글러브를 챙길 때, 그땐 정말 몰랐다. 우리의 야구가 그저 '웃겨서' 쫓아낸 거라고 차마 생각하지 못했다. 마감을 미루고 나타난 소설가 박상(『말이 되냐』『15번 진짜 안와』 등)이 황금색 글러브를 왼손에 끼는 순간, 그의 오른손은 위너가 된 듯 꿈틀거렸다. 그때

1. 콜드게임(called game) 점수 차에 따라 경기가 중단되는 경우를 말한다. 국제대회나 아마추어 경기에서 적용된다. 이 정도 '점수 차'는 이 정도 '남은 이닝'에 도저히 '어쩌할 수 없다'는 판단이다. 어떤 팀은 콜드게임이 선언되면 드디어 끝났다는 안도의 한숨을 쉬기도 하고, 어떤 선수는 그 와중에 씩씩거리기도 한다. 개개인의 승부욕은 모두 다르지만, 규정은 규정이다.

도 몰랐던 것이다. 그가 던진 공이 몇 미터나 날아갈지. 그 공이 날아간 궤적은 마른 남자의 푹 숙인 고개와 비슷한 각도로 휘어졌다.

또 몰랐다. 세상에 야구를 잘하는 사람이 이토록 많을 줄이야.

평범한 땅볼을 평범하게 받아내는 것은 보기보다 놀라운 일이었다. 처음으로 다이아몬드에 섰던 우리, 다이아몬드를 한 바퀴 돌아 홈으로 귀환하기가 얼마나 험난한지 정말 몰랐다. 그때 어찌 알았겠는가. 34:3, 19:0으로 질 것을. 상상력이 풍부하면 그 인생 고달프다지만, 상상에서나 가능한 점수를 우리는 일궈냈다.

그렇게 우리는 져왔다.

경기장을 찾아, 허접한 우리를 상대해줄 팀을 찾아, 이천에서, 포천에서, 시흥에서, 일산에서, 강원도 횡성에서. 시베리아 칼바람의 패배도 우리는 지나왔다. 감독을 맡고 있는 시인 박형준(『나는 이제 소멸에 대해서 이야기하련다』『생각날 때마다 울었다』 등)이 가장 싫어하는 오렌지주스는 '콜드', 싫어하는 게임은 '콜드게임[1]'이다.

그래도 우린 야구밖에 모른다.

각자의 글과 각자의 주량과 각자의 콧물 등을 가지고 야구 하나로

뭉쳐서 여태까지 잘도 져왔다. 그리고 여기는 목동이다. 자태를 중시하는 우리의 풍조와 저축하지 않는 습성 아래 급격히 늘어난 야구 장비만이 우리를 보증해주고 있다. 푸르른 인조잔디가 보인다. 언젠가 류현진이 섰을 마운드, 이종범이 자세를 잡았을 타석에 설 기회가 왔다. 예술인 리그가 벌어진 대한민국의 겨울, 승리의 기운이 '구인회'의 찌들고 허약한 신체를 휘돌아 감는다. 문학을 사랑하는 회계학 전공자 정재욱은 회비를 걷기 전, 팀의 사기를 드높인다.

"야구, 몰라요—. 회비 안 낸 사람, 제가 다 알아요."

그렇다. 지금 이 순간, 우리는 야구밖에 모른다.

조대리의 스윙은 무엇으로 이루어지는가

즐겁지 않으면 야구가 아니다. 저도 즐겁게 져야 한다.

그런데 설설 계속 지니까 실실 웃기도 슬슬 힘들어진다. 잘하고 싶다는 그릇된 갈망, 이기고 싶다는 헛된 욕망이 구인회를 괴롭히기도 하는 것이다. 하지만 승리에 대한 배고픔이 없다면 패배자라고 할 수 없는 법. 경기가 끝나고 웃으며 악수를 하고, 뒤돌아서며 시시껄렁한 농담을 주고받을 때도 우리는 이기고 싶었기에 즐거울 수 있었다. 싫다는 여자에게 구질구질 구애하는 루저처럼 이기려고 용을 썼지만, 아직은 뺨 맞거나 정강이 차이기에 바빴다.

소설가 백가흠(『조대리의 트렁크』 『힌트는 도련님』 등)은 소개팅, 맞선 등의 현실적 구애행위를 포기하고 밤마다 200번 이상의 스윙연습에 전념했다고 전해진다. 소설가 박성원(『이상異常, 이상李箱, 이상理想』 『도시는 무엇으로 이루어지는가』 등)은 갈비뼈 부상에도 불구하고 아들 예준이를 위해 뛴다. 노총각의 안타에는 어떤 설움이, 아버지의 수비에는 어떤 시큰함이 서려 있는 법이다.

우리의 스윙은 수많은 이론적 지식과 거기에 따라가지 못하는 몸으로 이루어져 있다. 이상은 이렇다. 무게중심은 뒷다리에 둔다. 시선은 마지막까지 공을 보고 턱을 당긴다. 귀 옆에서 간결하게 나오는 스윙은 임팩트를 강하게 주고, 팔로스윙을 끝까지 가져간다. 하지만 현실은, 무게가 중심을 잃는다. 공은 어디론가 사라졌고, 시선을 둘 데 없이 민

망하다. 귀 옆에서 장엄하게 헛스윙. 임팩트를 주다보면 팔로스윙을 하다 넘어지기 십상이다.

놀라운 사실은 제대로 된 폼을 흉내 내면 더욱 치지 못한다는 것이다. 나만의 형식을 갖는 데에 구인회는 두려움이 없다. 평론가 서희원은 최근 슬럼프에 빠졌다가 아내의 응원 방문에 타격감을 완전히 되찾았다. 타격 폼? 그런 건 모르겠고, 그는 달렸다. 아내의 한마디.

"뭐 이렇게 느려?"

그의 장타에는 아름다운 아내의 살벌한 조련법이 있다.

어떤 상대팀은 야구선수의 신체를 가지고 있다. 경기도 어디쯤에서 만났던 야구팀은 그야말로 우락부락, 연천의 산적 같기도 하였다. 구인회의 평균 연령은 삼십대 중후반 언저리, 평균 신장은 측정된 바가 없으나 보통 문학인의 길이와 크게 다르지 않다(작다는 말이네, 이 사람아). 사실 야구는 사이즈보다는 센스가 크게 작용하는데, 그것도 보통 문학인의 센스와 차이가 없다(몸치라는 말이네, 이 사람아).

그중에 잘하는 사람도 있어, 팀의 에이스가 되기도 한다. 시인 여태천(『국외자들』『스윙』등)은 작은 체구에 강속구와 각종 변화구를 던질 줄 아는 선수였다. 그와 동시에 어깨 속에 뼈를 던질 줄도 알았다. 그날 경기도 이천에서 들린 그의 뼛소리(그는 경기도 이천에서 큰 부상을 당하고 말았다. 그리고 지금은 당당히 재활을 끝내고 그라운드로 복귀했다). 그의 야구사랑에는 뼈가 있다.

거침없이 져도 괜찮아

'록커스'와 오전경기는 그야말로 박빙의 한판이었다. 글 쓴다는 우리에게 오전경기는 예술적으로 흐느적거리기가 다반사였지만, 그들은 더해 보였다. 알고 보니 '록밴드 야구팀'. 역시나 예술의 길은 좁고 어두운 것인지. 어쨌든 구인회가 한 점 차로 이겼고, 감격의 정식경기 첫 승을 거두었다.
  감동의 쓰나미가 밀려올 줄 알았건만, 의외로 덤덤한 구인회.
  승리의 기운은 사이즈가 큰 유니폼 하의처럼 어색했다. 추슬러 올려야 했다.

제구력과 강속구를 갖춘 투수 겸 유격수, 평론가 조강석(『아포리아의 별자리들』, 『경험주의자의 시계』 등)은 팀 승리를 앞두고도 한 이닝을 더하자는 속내를 내비친다. 패배의 위기에서, 그는 한 타자 더 상대하고 싶었다. 어깨가 풀리고 있었기 때문이다. 그의 모자 속에서 두 눈은 활활 불탔다. 멋지다. 정수리가 허전하지만 괜찮다, 야구 모자와 함께라면.

이중계약 파문의 당사자 시인 고운기(『자전거 타고 노래 부르기』, 『나는 이 거리의 문법을 모른다』 등)는 이번 대회 다른 팀(올드 이글스)의 유격수로 출전하였다. 최고령의, 모성애를 자아내는 실책이 이어진다. 젊은 유격수 시인 박준과 그는 이십 년이 넘게 나이 차가 난다. 그들은 내야수, 불규칙 바운드는 이십 년을 넘어서 모두에게 공평하다. 점수도 아슬아슬했지만, 시간제한은 더 아슬아슬했던 게임이었다.

시간이 더 있었다면 우리가 졌을 수도 있다는 말은 하고 싶지 않다. 앞에도 말했지만, 야구 모른다. 이렇게 한 경기를 이기고 우리는 2위를 확보했다. 4팀이 참가한 경기라 첫 경기가 준결승이었고, 이렇게 해서 결승에 진출했다는 말은 하고 싶지 않다. 그저 감독님의 용맹한 작전으로 소중한 점수를 뽑아냈기 때문이다! 라고 힘주어 말하겠다.

2. 팀 케미스트리
(Team Chemistry)
팀의 화학작용. 경기와 훈련에서 그들은 하나의 팀이 되어야 한다. 투수와 포수가 물과 기름처럼 서로를 지양한다면, 그 경기 결과는 보나마나다. 유격수와 2루수 사이가 견원지간이라면 수비가 잘될 리 없다. 외야수끼리 데면데면하다면 백업은 누가 갈 것인가. 코치들이 감독 자리를 노리고 있다면 감독은 누가 위로해줄 것인가. 화학작용은 중요하다. 야구는 하나의 팀 또 다른 하나의 팀이 겨루는 스포츠이기에.

중요한 사실은 우리는 드디어 한 경기를 이겼고, 조금씩은 나아지고 있다는 것이다. 물론 지는 날이 이기는 날보다 많겠지만, 뭐 어떤가. 우리의 팀 케미스트리[2]는 '루저'라는 이름으로 끈적끈적 매여 있다. 편집자 박대일 구단주의 풍만한 섬세함과 추진력에 힘을 받아 우리는 야구의 세계로 거침없이 간다.

소설가 이도의 알 수 없는 자신감이 전체에게 힘을 불어넣는다. 지더라도, 혹은 이기더라도 괜찮다. 우리는 문학에서처럼 패배를 두려워하지 않는다. 새로운 글을 짊어지고 문학의 마운드를 오르는 신인 투수가 될 것이다. 칠 테면 쳐보라지. 또 던질 테니까. 밤새 글을 쓰고, 혹은 술을 먹고, 그리고 공을 던진다.

우리는 구인회, 패배를 모르는 거침없는 야구단.
'록커스'와의 사투에서 모든 힘을 쏟아낸 구인회는
이어지는 '무스'와의 결승에서 거짓말처럼 지고 말았다.

당신, 영광의 시절이 언제였나?

나에게는, 야구를 하고 있는,
바로 지금이다.

🔴 사회인야구의 여러 특성들

4부 리그_ 루키리그쯤 되는 4부 리그에서 시작한다. 물론 본격적으로 야구를 하기 전에 모두는, 내가 소싯적에 4번 타자에 투수였다고 말한다. 그러나 그들이 먼저 보여주는 것은 대부분 몸 개그이다. 야구는 쉽지가 않다.

부족한 경기장_ 폭발적으로 늘어난 야구 인구에 비해 야구장은 턱없이 부족하다. 경기장을 찾아서 전국을 유랑하는 팀이 많다. 축구장에서 하는 야구도 흔하다. 하지만 야구를 할 수만 있다면 그들은 때와 장소를 가리지 않으리라.

쉬운 도루_ 내가 포수를 하고 있어서 하는 말은 아니지만, 사회인야구에서 도루하기는 어렵지 않다. 나의 도루저지 확률이 0.5퍼센트여서 하는 말이 진정 아니다.

흡연구역_ 공격 시에 흡연을 즐기는 아저씨들, 아니 선수들.

양보_ 멀리서 온 김대리를 위해 자진교체를 신청하는 박과장.

# 나의 빛나는 더러움
_런다운(run down)

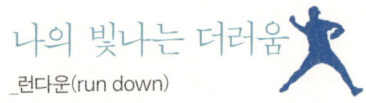

어쨌거나 그는 최선을 다하고 있다.

야구선수들이 벌이는 최고의 몸개그를 우리는 보고 있다. 경기는 그저 그랬고, 야구를 보다보면 그저 그런 경기도 있게 마련인데, 그저 그런 경기를 직접 보러 간 것이 운이 조금 나쁠 뿐이었다. 그런 날을 그저 그런 날이라고 부르자.
  승부가 거의 결정 난 그저 그런 상황에서 3루 주자는 홈으로 파고들었고, 타구는 겨우 투수 땅볼이었다. 포수와 3루수와 투수가 벌이는 협살 작전에 주자는 완전히 포위되었다. 그는 방향을 바꿔가며 자신을 태그하려는 글러브들을 피해 몸을 움직이고 있다.
  공을 던지는 척 마는 척 그를 약 올리던 투수가 3루수에게 공을 던지고 라인에서 퇴장했다. 3루수는 포수 쪽으로 주자를 몰면서 손목을 까닥까닥했다. 발목을 슬쩍슬쩍 돌렸다. 쫓기는 주자는 홈플레이트를 보고 있다. 그것은 포수의 육중한 몸에 반쯤 가려진 채 반짝반짝 빛나고 있었다.

저 홈! 저 오각형의 몸체! 홈런을 치고 다이아몬드를 도는 타자를 득의양양하게 맞이하는 저 하얀 성체! 슬라이딩으로 스치고 지나갈 때 느껴지는 쾌감! 저 1점! 살아 돌아오는 자만 접수할 수 있는 저 복된 훈장!

그는 포수 쪽으로 몸을 돌려 가속을 붙인다. 3루수는 포수에게 공을 토스했다. 그는 자신의 등에 공이 와 닿았으면 했지만(주자의 몸이 공에 맞으면 인플레이되어 세이프 가능성이 크니까), 혹은 자신의 몸이 포수를 피해 홈에 닿았으면 했지만, 그런 일은 아마 없을 것이다.

역시 공은 포수의 미트 속에 얌전히 담겨 있었다. 마스크를 벗은 포수가 땀을 뻘뻘 흘리며 그의 진로를 가로막고 있다. 그는 포수를 향해 몸을 던지기로 한다. 그것이 그 순간 그가 할 수 있는 최선의 일이었다.

물론 그는 우스꽝스럽게 넘어지면서 아웃된다. 다리에 힘이 풀렸을까. 시아버지 앞에서 밥상을 엎어뜨리는 젊은 며느리의 포즈가 되었다. 포수는 고개를 갸웃거리면서 넘어진 그의 머리통에 미트를 툭. 이것 봐 친구, 이깟 게임이 뭐라고 그렇게 몸을 던지고 그래, 자네가 홈을 밟는다고 달라지는 건 아무것도 없어.

그리고 공수교대다.

그는 교체되었다. 이번 시즌은 팀도 그도 되는 일이 없고, 그저 그렇다. 스포츠신문에 나올 일도 없는 마당에 그의 몸개그는 하이라이트 프로그램에 웃기는 장면으로 소개될 것이다. 그의 팀은 7위와 8위를 오르내리며 박진감 없는 순위싸움을 계속하고 있다. 그것도 곧 그저 그렇게 마무리 될 것이다.

다른 팀이 함성 속에서 가을야구를 할 때, 몇 년 동안 그들은 패배자의 얼굴을 하고 마무리 훈련을 했다. 이번 시즌만 그런 건 아니고 몇 시즌을 통째로 그랬기에, 경기장에는 관중도 없고, 응원도 그저 그렇다.

그저 그런 공의 움직임에 포위, '런다운' 된 그와 그의 팀과 그 팀의 팬들.

그저 그런 날 우리는 야구장에서 그가 넘어지는 꼴을 보고 그의 이름을 연호한다. 일상의 틈바구니에 런다운되어 발버둥치는 사람들이 그의 이름을 부르고, 노래를 부르고, 서로를 부른다. 그의 유니폼은 더러워졌다. 그 더러움은 그가 그저 그런 선수가 아니라는 사실을 그윽하

게 방증한다.

어쨌거나 우리도 최선을 다하고 있다.

편의점에서 우스꽝스러운 유니폼을 입고 담배나 음료수 따위를 팔면서, 컵라면 용기를 치우고 남은 국물을 비우면서, 야구장 조명등보다 밝은 조명 아래서 밤샘 근무를 했다. 날짜 지난 삼각김밥을 먹고, 화장실 갈 때는 문을 걸어 잠그고, 그때마다 기다리던 손님의 볼멘소리를 들었다. 그들은 술에 취해 있을 때가 많았고, 꼭 편의점 앞에서 싸우거나 나에게 시비를 걸었다. 나는 최선을 다했으나, 그저 그런 사람이라는 건 별수 없는 사실이었다.

그저 그런 인간성의 사장은 최저임금보다 못한 시급을 주었고, 최저임금을 제대로 받는 아르바이트생이 거의 없다는 이유에서 사장의 입장을 수용해야만 했다. 그도 특별한 사람은 아니었기 때문이다.

그저 그런 새벽의 시간은 밤과 아침 사이에 나를 가둬놓고 내 몸을 공격해왔다. 피곤에 지친 나는 '런다운'에 걸린 채로 어디 도망도 가지 못하고, 베이스라인의 중간쯤에서 선 채로 졸곤 했다.

밤에서 아침으로 슬라이딩하면서 나는 꼭 아웃당하는 기분이었고, 그것은 사실이었다. 그저 그런 일로는 그저 그런 대학의 등록금 내기도 빠듯했다. 더러워진, 내가 입은 유니폼이 나를 결정했다. 하지만 그 얼룩들은 이상하게도 반짝반짝 빛이 났다.
 어쨌거나 내가 최선을 다하고 있기 때문이었다. 그때 누가 내 이름을 불러줬던가. 내 이름을 부르고, 또 불러서 끝내 응원할 사람은 나 자신밖에 없었다. 나는 죽지 않고 태그를 피해 계속해서 움직이고 있었다.
 최선을 다해 움직이는 동작은 반짝이게 마련이다. 유니폼은 더러워지겠지만, 뭐 어떤가.

 그런 반짝반짝한 더러움을 '런다운'이라고 한다.

떨지 마, 죽지 마,
사람이니까

봄에 입대했다. 이마와 가슴에 작대기 하나를 달고, 내무반과 연병장 따위를 벅벅 기는 동안 가을이 왔다. 나는 응원하는 팀이 어느 순위에 있는지도 몰랐다. 말할 수 없이 바빴지만, 말할 수 없이 멍청했다. 세상 모든 이등병은 멍청하지 않은가 말이다.

집 떠나와 열차 타고 훈련소로 가는 청년들도 있었겠지만, 나는 시내버스를 타고 훈련소로 갔다. 오해는 말아달라. 현역이었다. 상근 예비역이나 공익이 되고 싶었다. 간절한 마음이었다. 그러나 신체등급은 의심할 나위 없이 1등급이었고(쇠고기는 아니다!), 군대에 가야 한다는 실감과 두려움을 없애기 위해 전심전력으로 놀았다. 수업을 빠졌고, 당구를 치고, 술을 마셨다. 짧은 연애도 감행했다. 그리고 실패했다.

영장에 찍힌 훈련소 주소를 보았다. 그곳이 내가 사는 도시의 구석임을 확인하고, 입대를 더는 미룰 수 없었다. 그래, 이건 남들보다 운이 좋은 거야. 적어도 전방 철책으로 가진 않겠어. 생각을 마치자 두말할 필요가 없어졌다. 그 대신 두 말 이상의 여러 말로 엄살을 떨다가, 결국 군대에 갔다. 딱히 미뤄야 할, 기피해야 할 이유가 없었다. 집에서 놀고만 있었으므로.

하지만 나는 겨우 스물한 살이었다. 그 나이에 누군가의 명령을 받고, 같은 시간에 일어나고 같은 시간에 잠이 드는 것, 힘든 일이다. 먹고 싶은 걸 그때그때 먹을 수 없고, 보고 싶은 사람을 마음대로 볼 수 없다. 하물며 맞을 수도 있고 때릴 수도 있다는 이야기가 정설처럼 나돌았다. 나는 그곳에서 괴물이 되어버리는 건 아닐까?

그럴 일은 거의 없다. 사람이 사는 곳은 역시 사람이 사는 곳이다. 헤르타 뮐러의 소설 『숨그네』에는 강제수용소에 끌려간 17살 소년이 나온다. '숨그네'는 인간의 숨이 그네처럼 움직여야만 효과적으로 작업 가능한 도구인 '삽'을 뜻하는 조어이다. 밀란 쿤데라의 처녀작 『농담』은 체제가 수용하지 못할 농담을 편지로 해버리는 한순간의 실수로 인하여 나락으로 떨어진 남자의 담담한 일기다. 그의 나락은 강제수용소에서 시작된다. 터무니없게도, 강제수용소로 끌려가는 숭엄한 문학적 장면에 나를 대입할 정도로, 허접한 불안감이 극에 달했던 것이다.

그러나 군대 다녀와야 사람 된다는 신빙성 떨어지는 격언을 토대로, 내게 주어진 현실을 긍정적으로 생각하기로 했다. 적어도 겉으로는 그랬다. 혹여 문학적으로 더욱 성숙해져서 다시 사회로 나오게 되지 않을

까. 물론 그런 일은 없었고, 내가 있던 군대는 강제수용소가 아니며 우리나라 젊은 남자는 별일 없으면 다 가는, 평범하다면 평범한 곳이다. 2년은 소중한 시간이지만, 그렇다고 군대는 그 시간을 효과적으로 사용해 인간을 개조시켜 주는 곳은 아니다. 내게 군대는 그저 '다녀와야 하는 숙제' 같은 곳이었다.

길 병장을 만난 곳은 물론 군대였다. 내무반에서 그는 힘을 가진 사람이었고, 반대로 나는 힘은 없으나 힘 있게 동작을 취해야 하는 사람이었다. 그는 슬금슬금 움직였지만, 그가 지나간 자리는 신기하게도 모든 일이 완결되어 있었다. 나는 최선을 다하려고 했지만, 내가 하는 일은 실수투성이였다. 그는 나와 고향이 같았다. 고향 후배라고 봐주는 일은 없었다. 일명 깔깔이라고 불리는 야상 내피를 입고 모로 누워서 턱으로 지시를 내렸다. TV를 끄거나, 청소를 다시 하거나, 커피를 뽑아오거나.

내무반 구석, 작은 몸체로 바깥 사회의 빛을 발산하던 텔레비전에서는 오랜만에 야구가 한창이었다. 팀은 플레이오프에 진출해 있었고, 상대방은 지지층이 얕은 신생 구단이었다. 사투리를 걸게 쓰던 길 병장은 심지어 가요프로그램까지 못 보게 하고 야구에 집중했다. 그의 말이 내 무반의 법이었으므로, 나로서는 좋았다. 경기는 접전이었다.

스무 살이라고는 믿기지 않는 얼굴의 투수가 마무리로 나와서 땀을 뻘뻘 흘리고 있었다. 고졸 신인이 포스트시즌 마무리라니. 여기로 따지면 이제 막 훈련소 문을 통과해 더블 백 메고 자대에 배치된 이등병에 불과한데. 전투복에 줄도 잡히지 않은 상태란 말이다. 그런 이등병이 전투의 마지막을 책임지고 있었다.

녀석은 같은 이등병인 나보다는 훨씬 훌륭한 신체를 가진 듯했다. 묵직한 속구를 뿌렸고, 폭포수 같은 커브를 구사했다. 표정은 얼어 보였지만, 원래 그런 표정일 수도 있고, 달리 믿고 맡길 투수도 없었다. 같은 이등병에도 급이 있다는 말씀.

그런데, 너. 왜 그렇게 떠는 거야? 어리바리하게 굴래? 이등병이야? 빠져서는, 미쳤냐?

돌았어? 똑바로 하지 못해? 개념이 없냐? 왜 떨어? 떨지 말라고, 골 때리는 이등병아.

내가 들은 말인지, 그가 들은 말인지, 이등병의 혼미한 기억은 끝내 입을 열지 않는다. 첫 훈련 때 나는 군장을 떨어뜨렸고, 그것이 하필 논두렁까지 굴러가는 꼴이 모두의 시야에 클로즈업 됐다. 방독면 대신 신문지 조각이 들어 있던 가방이 풀어헤쳐진 건 그때였다. 대대장이 지나가고 있었다. 방독면 가방에 신문지를 넣어 짐을 가볍게 하는 것은 중대의 전통이었다. 그건 잘못된 전통이었고, 징계는 피할 수 없었다. 중대의 모든 사람은 훈련이 끝나고 다시 연병장을 돌아야 했다. 이등병이 떨어서 그랬다. 떨리는 걸 어떡하나.

사회에서 나란 인간은 꽤나 똑똑한 편이었는데, 사회는 사회고, 군대는 군대였다. 오랜 시간 나는 스스로 느낄 수 있는 최대한의 자괴감을 맛보아야 했다. 자괴감은 강요되었다. 그다음에는 강제로 고양된 새로운 자존감이 생겨났다. 충성! 경계를 설 때마다, 자괴감과 자존감의 쌍두마차가 경쟁하듯 내달렸다.

남의 말을 아주 잘 듣기 위해, 내 속의 말은 없는 편이 편했다. 그렇게 몇 달이 지나고, 다시 또 몇 달이 지나면, 누구든 똑똑해질 것이다. 우리의 길 병장처럼.

 성공한 시즌을 보냈던 신인 투수는 중요한 순간마다 이상하게도 꼬박꼬박 마무리에 실패했다. 상대방의 환호 뒤로 쓸쓸히 퇴장했다. 그가 흘린 땀이 마운드를 적시고 있었다. 경기에 진 선수의 땀에 관심을 갖는 사람은 없다. 그것은 없느니만 못하다.
 길 병장은 날카로운 눈으로 내무반을 휘 둘러보더니, 고향 팀의 패배를 달가워하는 후임들의 태도를 느낀다. 그는 있는 대로 열이 받았고, 어떤 분풀이든 할 수 있는 위치다. 길 병장은 밀걸레를 들고 있던 나를 불러 막사 뒤로 갔다. 자판기 커피를 건네고 담배를 피웠다. 길 병장이 묻는다.
 "집에 전화는 했냐?"
 "아닙니다! 괜찮습니다!"
 "잘 적응하고 있으니까, 지금처럼 해. 떨지 말고, 겁먹지 말고. 처음에는 다 그런 거야"
 "예, 알겠습니다."
 뭐 이런 대화를 나눴다면 좋았겠지만, 이등병 때 겪었던 일들이 세세하게 기억나진 않는다. 새삼 기억하고 싶지도 않다. 나는 그때 세상에서 가장 멍청한 이등병이었고, 그 선수는 신인이었다.

1. 김진우
그는 7억을 받고 타이거즈와 계약했다. 2002년 신인으로 탈삼진 타이틀을 가져간다. 묵직한 직구와 폭포수 커브를 가지고 있지만, 이상하게도 중요한 경기에서의 성적은 그리 좋지 않았다. 가정사의 이유로 방황했다고 알려져 있으며, 몇 번의 임의탈퇴 끝에 올해 감동적으로 돌아왔다. 20살 때 다소 늙어 보이던 인상은 이제야 제 나이로 보인다. 그런 나이가 된 만큼, 더 이상의 방황은 없었으면 좋겠다.

길 병장은 무사히 제대했다. 물론 나도 그랬다. 우리는 서로의 소식을 모른다. 고향 야구팀의 순위는 둘 다 아주 잘 알 것이다. 나는 그후로 똑똑한 육군 병장이 되었고, 그는 사회에 나와 고군분투했을 것이다. 그때의 신인 선수[1]는 야구 바깥으로 돌고 돌아 이제야 복귀를 했다. 떠는 건 여전해 보이던데, 걱정이다. 하지만 응원하겠다.

군대에서 자살하는 청년들의 소식이 들려온다. 죽지 마라. 살아야 한다. 그들이 죽지 않도록 군대가 바뀌어야 한다. 군대에 다녀와야 남자가 되고 사람이 되는 것이 아니다. 사람은 원래부터 사람이고, 이등병도 병장도 사람이지 않은가 말이다.

군바리들아, 무사히 제대해서 애인이랑 야구장으로 떠나라.
고무신을 거꾸로 신었다고? 그럼 다행이지.
더 좋은 사람 만나. 거긴 사회니까.

가을이다. 사람이 하는 야구가 그때부터 지금까지 이어지고 있다.

한국시리즈와 신인선수

1993년, 이종범과 박충식_ 영호남의 라이벌이 한국시리즈에서 만났다. 광주에서 1승 1패를 나눠가진 그들은 대구에서 3차전을 치른다. 15회 연장 2:2 무승부. 놀라운 점은 문희수-선동열로 이어지는 타이거즈의 투수진을 홀로 상대했던 투수가 신인 박충식이라는 사실이다. 다음날 승부를 잡아간 라이온즈는 잠실에서 그야말로 '날아다닌' 또 다른 신인을 잡지 못해 시리즈를 내준다. 이종범은 시리즈에서 총 13개의 누를 훔쳤다. 그는 한국시리즈 MVP가 되었다.

1994년, 신인 3인방 서용빈, 김재현, 유지현_ 한 해에 신인 3명이 동시에 폭발한다면, 우승하지 않을 수가 없다. 이들이 일으킨 신바람 야구는 그해 트윈스를 최강팀으로 만들었고, 한국시리즈에서도 돌핀스를 가볍게 제압한다. 그들은 팀을 한 차원 업그레이드 시켰다.

2007년, 김광현_ 그해 한국시리즈의 열기는 뜨거운 정도가 아니었다. 뜨거움이 넘쳐 벤치클리어링이 초반 세 경기 연속 일어났다. 그 와중에 와이번스는 1승 2패로 밀리고 있었다. 신인 김광현은 위기의 순간 홈팀을 상대로 9개의 탈삼진을 퍼붓는다. 새로운 왼손 괴물의 출현을 알리는 전주곡이었다.

이별에 대처하는 우리의 자세 _가을(October)

가을은 어떤 계절인가. 남자의 계절인가. 단풍의 계절인가. 편지를 써야 하는가. 독서의 계절인가. 물론 당신들은 이 책을 읽고 있고, 그것은 가을을 지내는 아주 훌륭한 방법임이 틀림없다.

가을은 가을이다. 야구에서는 특히 그렇다. 프로야구에서 가을은 큰 상징성을 가진 단어이며, 단순한 계절 이상의 계절이다. 야구 하나만을 바라보는 전체주의적 관점에서, 모두는 가을을 위한 모두이고, 가을은 곧 모두를 위한 가을이다.

야구라는 사계四季에서 계절의 여왕은 봄이 아닌 가을이다.

무릇 여왕은 도도해야 한다. 도도하고 우아한 여왕이 주최하는 파티가 있다. 초대장은 달랑, 네 장이다. 걱정하지 말라. 후보자는 여덟뿐이고, 그중 넷은 꼬박꼬박 가을잔치에 초대받을 수 있다. 반은 받고, 반은 못 받는 시스템이다. OX 퀴즈 같은, 양념 반 프라이드 반 같은, 모 아니면 도 같은, 뭐 그런 화끈한 초대장이란 말씀.

뭣이라? 초대받을 확률이 너무 높다고? 시시하다고? 그래서 더 문제라는 것을 모르다니. 가을잔치에 대한 로망이 없다면 당신은 아주 부유한 야구팬이거나, 야구팬이 아닐 가능성이 크다.

찍어도 50점은 맞을 수 있는 시험에서 낙제를 면치 못하는 학생들이 우리 주위에는 너무나 많다. 절반의 싸움은 가장 난해한 싸움이다. 당신의 팀은 어떤가. 2년에 한 번은 꼭 초대장을 받아 오나? 가을이라는 야구의 여왕은 그렇게 공명정대한 분이 아니다.

가을잔치의 빈익빈 부익부는 계속된다. 가을의 편협함은 가을에 개나리 진달래 만발할 때까지 계속될 것이다. 그것을 깨뜨리는 방법은 타팀을 상대로 한 강인한 투쟁뿐이다. 단골로 초대받는 팀의 순위를 끌어내리고 내가 올라가야 한다. 한 팀이 떨어져야 다른 한 팀이 갈 수 있다. 가을의 전설은 낭만으로 가득한 송어 낚시가 아니다. 오히려 강물을 거슬러 올라, 자신의 알을 낳고 번식하려는 연어의 생존 투쟁에 가깝다. 오랫동안 가을에 야구를 못하면, 팬은 팬이길 거부하거나 과격해질 것이다. 스타들은 우승이 가능한 팀으로 떠날 것이다. 그것을 흔히 암흑기라고 부른다.

여름에는 바다의 왕자가 있다면, 가을에는 야구의 왕자가 있다.

일단 여왕의 축제에 초대를 받으면, 그때부터는 축제의 주인공이 되기 위한 전쟁의 시작이다. 사다리를 타고 올라간 3위나 4위 팀이 우승할 확률도 없지는 않다. 하지만 사다리 꼭대기에서 휘파람 불며 기다린 1위 팀이 가을의 왕자가 될 가능성이 크다. 어쨌든 그들은 130경기가 넘는 긴긴 레이스의 최종 우승자이며, 진정한 가을의 주인공이다.

8개 팀이 가을을 향해 벌이는 구애가 끝난다. 가을의 간택을 받은 4개 팀이 치열한 대결을 펼친다. 한중막처럼 뜨거운 가을이다. 그리고 그 가을의 끝에서 한국시리즈는 마무리된다.

그후에야 진짜 겨울이 오는 것이다.

그해 최종 우승팀이 감독을 헹가래 치기 전까지 겨울은 오지 않을 것만 같다. 가을의 왕자들이 야구장을 한 바퀴 돌면서 손을 흔들기 전까지 겨울은 오지 않을 것만 같다. 왕자들이 한국시리즈 우승 기념 티셔츠로 갈아입고 샴페인으로 샤워를 하기 전까지 겨울은 오지 않을 것만 같다. 그러나 겨울이 오지 않을 리 없고, 누군가는 영광을 차지하게 마련이다.

그리고 그 순간, 우리들은 직감한다.

　어떤 팀을 응원하든 간에, 이제 야구와는 잠시 이별해야 할 시간이라는 것을.

　가을은 무엇인가. 말이 살찌는 계절인가. 전어 먹는 계절인가. 버버리코트 속주머니에서 고독을 꺼내는 계절인가. 야구의 여왕은 축제를 주관한 뒤, 뒤도 돌아보지 않고 전지훈련지로 떠나버린다. 흥겨운 축제와 모두 떠나버린 야구장의 서늘한 기운.

　이런 것들을 간단히 '가을'이라고 한다.

가정의 평화 1
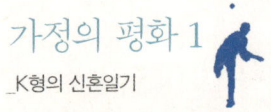
_K형의 신혼일기

　새신랑 K형은 유망한 편집자이자, 경차의 오너드라이버이다. 그리고 유부남이다. 그가 지금의 부인을 만났을 때 이렇게 빨리 결혼에 골인할 줄은 몰랐었다. 그것이 패착이었다고 그는 농담처럼 말하지만, 그 말의 모든 부분이 농담으로 들리지는 않았다.
　K형이 처음 사회인야구에 발을 디뎠을 때, 그는 총각이었다. 부자는 아니었지만, 다달이 월급을 받는 직장인이었다. 월급에서 꽤 되는 비율의 돈을 야구용품과 교환했다. 훗날, 그의 부인은 이러한 소비를 탕진이라고 불렀지만, 아직 총각이었던 형에게는 자유라는 신의 선물이 유효했다. 형은 지르고, 지르고, 질렀다. 마음 가는 대로 질렀다.
　보통 '지름'이라고 불리는 그것은 또한 '할부'라는 다른 이름도 갖고 있다. 친절하고 편안한 녀석이었다. 맘에 드는 글러브나, 알루미늄배트, 각종 기구를 일단 지르면, 결제일마다 카드회사가 알아서 그만큼 환산된 가치를 빼가고는 했다. 그렇게 그는 야구 장비의 유혹으로 자기 자신을 깊숙이 내던졌다. 야구장 바깥에서는 아무도 알아주지 않았지만, 야구만 하러 오면 팀원 누구나 손에 한번 껴보고, 한번 휘둘러보고 싶은 장비들이었다. 장비가 아까워서라도, 그는 야구장에 자주 나타났다.

1년을 결산하는 자리, 개근상은 항상 그의 차지였다.

형의 애인이었고, 현재 형수님인 그녀도 야구장에 자주 나타났다. 결혼 전까지의 일이다. 유난히 노총각이 많던 팀은 그녀에게 매니저라는 직함을 주었고, 그녀는 팀원들에게 친절했다. K형과 형수님이 겨우 1년을 연애하고 결혼할 거라고는 생각하지 못했으나 그것은 중요한 문제가 아니었고, 그들은 축복받아 마땅했다. 결혼식은 보통의 서울시민들처럼 북적북적한 예식장에서 스피디하게 진행되었다. 팀원들은 뷔페에서 느릿느릿 맥주를 마셨다. 형수님의 친구들을 목격한 탓이다. 고개가 수그러지고 말수가 줄어들었다.

그리고 그날 이후로 신은 K형의 자유를 거둬갔다.

형은 출애굽기의 모세를 따라 멀쩡한 길을 두고 사막을 헤매던 유대인의 얼굴을 하고 야구장에 나타났다. 홍해를 가르는 열정에 불타던 결혼식 날 새신랑의 모습이 아니었다. 야구가 끝나면 누구보다 먼저 뒤풀이 장소를 찾던 그의 명민한 패기는 온데간데없었다. 게임이 끝나면 재빨리 누군가와 통화를 하고, 경기 할 때보다 더 많은 땀을 흘렸다. 누군가는 당연하게도 형수님이다. 형은 전화를 끊고 작은 차의 시동을 건다. 부르릉, 경차는 가볍고 경쾌하게 신혼집으로 향하지만, 그 작은 뒷모습이 어쩨 스산하다. 그는 유부남인 것이다.

형수님은 결혼 이후로 야구장에 전처럼 자주 나타나지 못했다. 이유는 알 수 없었다. 어떤 형은 그것이 아가씨와 아줌마의 차이라고 했다. 어떤 형은 남자가 건방지게 주말에 야구를 하는 것 자체가 문제라고 했다. 어떤 형은 그럴 때일수록 독하게 야구를 하고 끝나고 늦게 들어가 기선을 잡아야 한다고 했다. 물론 그 모든 형들은 결혼생활에 관한 일말의 경험도 없다. 늙다리 총각들이 아무렇게나, 그냥 던지는 말인 것이다. 미혼남의 공연한 참견은 사태를 악화시킬 뿐이다.

달라진 것은 그의 장비였다. 결혼 후, 포지션을 바꾼 형은 평소 본인의 습관처럼 멋진 글러브를 살 수가 없었다. 다 떨어진 스파이크도 바꾸지 못했다. 그저 총각 때의 장비로 야구를 해야만 했다. 야구장에 와서는 만날 새 방망이 타령만 했다. 결혼 전에는 타령을 한 다음 주에는 꼭 새 장비를 들고 왔지만, 이제는 타령한 다음 주에도 비슷한 내용으

로 타령이다.

  K형은 이제 형 마음대로 돈을 쓸 수 없는 처지가 되었다. 형은 서울은 언감생심 꿈도 꾸지 못하고, 직장과 그나마 가까운 경기도 어귀에 작은 전셋집을 마련하기 위해 융자를 받아야 했다. 결혼 자금과 신혼 살림을 위해서도 필요한 돈이었다. 돈 없이 결혼은 불가능했다. 그러나 전세를 얻은 보람도 없이, 월세에 맞먹는 액수의 돈이 통장에서 친절하게 빠져나갔다.

  융자, 이자, 상환…… 형은 머리가 아팠다. 머리가 아팠고, 그래서 모든 경제권을 형수님에게 일임했다. 형수님은 결혼 첫 달부터 놀라움을 감추지 못했다. 대출 이자의 몇 배나 되는 돈이 카드 할부금으로 빠져나가고 있었던 것이다.

  할부금의 내용은 야구글러브, 야구배트, 야구가방, 야구모자, 야구유니폼, 야구훈련비, 야구화 따위였다. 가끔 네크워머, 스포츠고글, 야구선수 피규어, 줄 목걸이 따위의 용도를 알 수 없는 항목들이 형수의 화를 활활 부채질했다.

  형수는 형의 재산을 가압류하고, 용돈을 지급하였다. 카드사에서 발

1. 글러브 관리
지금 내 야구장비는 Z사의 외야수 글러브와 포수 미트다. 포수 미트는 팀 장비이고, 외야수 글러브는 포지션 경쟁에 밀려 단 한 번도 써먹질 못했다. 글러브는 말을 잘 듣도록 훈련을 시켜야 하는 생명체다. 공을 두어 개 집어넣고 압박붕대로 정성스럽게 싸서 보관하고 있다. 포지션 경쟁에서 우위를 보일 때까지…… 하지만 압박붕대를 언제 풀지, 기약이 없다.

  송하는 알림문자의 수신자를 자기 앞으로 돌려놓았다. K형은 독 안에 든 쥐, 부처님 손 안의 손오공, 현명한 처와 결혼한 남자가 되었다.
  시간은 흘렀다.
  형은 비상금을 만드는 요령이 생겼다. 그것은 남자의 본능이었다. 가끔 나오는 보너스와 성과금의 일부를 다른 통장으로 돌렸다. 얼마 되지 않는 돈인데도 인터넷 뱅킹을 하는 그의 손가락은 떨렸다. 드디어 글러브를 새로 장만하는 것이다. 글러브 관리는 회사에서 하면 될 것이다. 최신 사양의 '미즈노' 글러브와 얼마 전부터 눈여겨보았던 '윌슨' 글러브를 장바구니에 담았다. 심호흡을 크게 세 번이나 하고 결국 윌슨은 뺐다. 그리고 공인인증서 비밀번호를 입력했다. 물론 받을 주소는 회사로 하고.
  세상에 완벽한 범죄는 없다. 당연하게도, 형의 글러브를 향한 사랑은 얼마 가지 않아 들키고 말았다. 형수는 그저 형의 목소리가 평소보다 떨리고, 눈을 마주치지 못하고 있는 점을 이상하게 여겼을 뿐이다. 그리고 단 한 번 추궁했다. 이 여자 뭐지? K형은 자신이 혹여 무당과 살고 있는 것은 아닌가 두려워하며 몇 분 만에 모든 범행을 이실직고 했다.

"그렇게 갖고 싶으면 사달라고 하지 그랬어."

예상치 못한 형수의 반응에 형은 감동의 파도타기 응원을 펼칠 기세였다. 이 여자, 천사 아냐? K형은 자신과 함께 사는 천사를 우러르며 사실 글러브 하나가 더 필요하다고 말했다.

형수님은 대형마트에서 형이 산 글러브 크기의 3할이 될까 싶은 글러브를 샀다.

그것은 유아용이었다.

경기가 끝나면 부리나케 뒷모습을 보이는 형의 경차. 이제 예전처럼 스산하지 않다.

차의 뒷면 유리창에는 이런 글귀가 붙어 있다.

아이가 타고 있어요.

가정의 평화 2
_Y형님의 편지

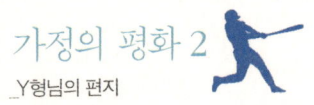

　Y형님은 야구를 하다가 크게 다쳤다.[1] 하필 그날은 형수님과 형수님을 닮은 어린 딸이 가장의 취미활동에 동참한 날이었다. 사랑하는 사람들을 관중으로 두고 형님은 시쳇말로 날아다녔다. 잘 치고 잘 달리고 잘 잡고 잘 던졌다. 이건 야구의 기본이지만, 사회인야구 4부 리그에서는 기본만 잘하면 1인자가 된다. Y형은 1인자였다. Y형이 팀에 합류한 첫날, 까다롭게 굴던 팀 선배들의 태도가 바뀌는 데는 채 한 시간이 걸리지 않았다.
　그는 경기 초반 유격수로 나서서 혼자 더블플레이를 만들어냈고, 3번 타자로서 전 타석 안타 행진을 이어갔다. 마무리 투수로 등판해서 칼 같은 제구력과 강한 볼 끝을 보여주었다. 뭔가를 보여줘야 한다는 가장의 의무감이 그의 몸에 강한 기운을 불어넣고 있었다. 경기가 끝나기 불과 2/3이닝 전이었다. 그러니까, 타자 둘만 아웃되면 우리는 짐 싸고 다시 서울로 돌아갈 수 있었다. 서울 모처에서 오늘의 경기를 복기하며 평화롭게 고기나 구우면 되었는데,
　Y형이 다쳤다. 팔꿈치가 복합골절 되었다. 그가 공을 던지는 데 사용하는 오른팔이다. 그는 그라운드에 풀썩 쓰러져서 가쁜 숨만 몰아쉬었

1. DL
Disabled List의 약칭. 즉, '부상자 명단'을 뜻한다. 사회인 야구에서도 부상은 발생하기 때문에 선수들은 보험에 가입한다. 그러나 스포츠 보험 정도로는 부상에 따르는 생계의 위협과 가족의 상심을 대체할 수 없다. 부상은 당하지 않는 게 상책이다. 경기 전에 몸을 잘 풀고, 경기중에는 더욱 집중해야 한다. 다치지 말자. 부디.

다. 비명도 지르지 않고 데굴데굴 구르지도 않는 것이 더 불안하였다. 그는 구급차를 타고 병원에 갔다. 형수님은 차분하게 상황을 수습했지만, 팀원들은 거짓말을 들킨 아이처럼 어찌할 줄을 몰랐다. 미안한 마음과 황망한 마음이 뒤섞여 혼란스러웠다. 우리는 뿔뿔이 각자의 집으로 흩어져야 했다.

그리고 얼마 후 찾아간 병실에서, Y형은 놀랍게도 야구를 보고 있었다. 주말 오전에 메이저리그를 틀어놓고, 왼손에는 야구공을 든 채로. 그렇지 않아도 왼손으로 바꿔볼까 생각했는데, 이 기회에 연습을 좀 해야겠어. 이 사람은 진정 야구에 미친 것인가. 당신은 프로야구 선수가 아니라 일개 직장인이란 말이오. 이렇게 말은 하지 않았다. 팀에 왼손이 부족하긴 해요. 이런 대답을 하다니, 바보 같았다.

바보들이 앉아 있는 병실에 형수님이 들어왔다. 형님은 쥐고 있던 야구공을 재빨리 침대 시트와 베개 사이로 숨겼다. 형수님은 뭔지는 모르지만 이미 다 알고 있다는 표정으로 냉장고에서 음료수를 꺼내고 있었다. 음료수가 몹시 차가웠다.

다행히 Y형은 곧 회복되었다. 하지만 그에게는 야구 금지령이 내려졌다. 대공황 시절부터 2차 세계대전에 이르기까지 미국에서는 술을 마시고 유통하는 일이 불법이었다. 금주령 때문이었다. 우리가 보았던 대부분의 마피아 영화는 금주령 당시 술을 마시고 팔기 위한 조폭들의 활극이다. 그 당시 미국인들은 목숨을 걸고 술을 마신 것 같다. 금지하면 더 하고 싶다는 말이다. 그건 Y형님도 마찬가지였다.

그는 주말 오전경기에 사우나를 간다 말하고 야구를 하러 왔다. 낮 경기엔 아예 상갓집에 간다고 말하기도 했다. 결혼한 남자들은 대체로 무당과 살고 있다는 속설이 있다. 그녀들은 다 알고 있다. 숨길 수 없는 일은 침묵해야 한다고 했던가. Y형님은 아무 말도 없이 야구를 하러 와서 조용히 돌아가기도 했고, 구경만 하러 간다고 말도 안 되는 핑계를 대며 야구하러 왔다. 하지만 전처럼 자주 나오지는 못했다.

그날은 1박 2일로 야구를 하러 가기로 한 날이다. 승합차를 빌리고 고기를 잔뜩 사서 펜션으로 향해, 그야말로 사내들끼리 진한 밤을 보낼 것이다. 물론 낮에는 야구를 할 예정이다. 야구가 이기든 지든 어쨌든 진탕 먹고 놀 수 있다. 이래저래 이미 승리한 기분이었다. 남자들에

게만 매력적인 이런 계획에 Y형님은 몸이 달았던 듯하다. 필히 참석할 것이라는 그의 인터넷 카페 댓글에서 뭔가 강인한 열정이 느껴졌다. 그래, 남자라면 하고 싶은 일은 해야지!

그는 정말로 왔다. 지금까지 주로 오전 게임에 잠시 들렸다가 황급히 집으로 갔던 모습과는 달라 보였다. 표정에는 여유가 묻어났고, 말투도 급하지 않았다. 오늘 치를 게임에 대해 진지하게 토론했고, 코치로서 포지션을 분배했다. 일찍 가는 사람이 할 수 없는 일들이었다.

Y형은 평소에 비해 별 활약이 없었다. 그보다 우리 팀 자체가 야구를 못했다. 먼 곳에서 야구 여행을 온 팀들은 모두 우리보다 탄탄한 전력을 자랑했다. 누구처럼 밤에 고기에 술이나 먹자라는 생각 따위 없는 듯했다. 스테로이드를 섭취한 근육질 선수 같은 그들이 들어선 타석은 던질 틈이 없었다. 상대편 투수가 던지는 공은 숙련된 간호사의 주사처럼 정확하게 구석을 찔렀다. 어어? 어? 어라? 몇 번의 물음표를 머릿속에 그리고 나면 게임은 끝나 있었다.

모든 일정을 마치고, 숙소에 돌아와 Y형은 소주를 따르며 고백했다. 딸아이를 데리고 교회에 간 부인에게 편지를 쓰고 도망치듯 뛰쳐나왔노라고. 편지를 식탁 위에 둘까, 자석으로 냉장고에 붙일까 고민했노라고. 편지를 읽어서인가 부인님에게 전화가 오지 않는다고. 역시 우리의 살 길은 문학뿐이라고.

자신이 야구를 얼마나 사랑하고, 동시에 당신과 우리의 딸을 얼마나 사랑하는지, 오늘만 야구를 하면 앞으로 당신을 얼마나 더 깊고 넓게 사랑할 수 있을 것 같은지, 그는 썼다고 했다.

문학을 전공하고 시를 쓰는 Y형의 글에 형수님은 감동받았을까? 그는 그녀의 남편이다. 남의 편이 아닌, 남편.

그날 소주를 마지막으로 Y형님이 뒤풀이에 참석하는 일은 없었다. 뒤풀이는커녕 경기에 참석하는 빈도도 현저히 줄었다. 아마 형수님은 그날 편지에 별다른 감동은 받지 않은 것 같다. 그날은 이미 떠났으므로 특별히 사정을 봐준 모양이지만, 화가 나서 전화도 하지 않은 것일지도 모른다. 어쨌든 세상의 모든 여자는, 아니 부인들은 관대하다. 가정의 평화는 그렇게 사정 봐주는 여성분들 덕에 유지되고 있는 게 분명하다.

Y형님은 형수님의 전화를 받을 때,
"네, 곧 갑니다"라고 대답한다.
그의 가정에 무궁무진한 평화가 있을지어다.

코치는 주꾸미를
팔고 있는 게 아니다 _사인(Sign)

2차 세계대전에서 영국군이 거의 유일하게 올린 성과는 독일군의 암호 해독이었다. 영국 첩보부는 옥스퍼드 대학의 학자들을 통하여 독일의 이니그마 암호, 트리톤 암호를 거의 완벽하게 해독해버렸다. 그들의 앞선 정보력으로 인해 전쟁 중반 이후로는 독일 잠수함에 의한 피해를 최소화할 수 있었고, 이는 장기적으로 승전에 일정 부분 기여했다.

물론 야구는 세계대전처럼 처참하고 추악한 전쟁도 아니고, 야구의 사인은 독일군의 암호처럼 엄청나게 복잡하지도 않다. 하지만, 경기의 승부를 결정짓는 데 큰 역할을 차지한다. 야구장에서 벌어지는 전쟁은 물론 은유로서의 전쟁이고, 재미를 위한 게임에 불과하다. 하지만 이겨야 더 재밌고, 이기기 위해서는 상대방에게 사인을 들키지 않는 편이 좋다.

손톱에 흰 매니큐어를 칠한 포수의 손가락이 사타구니 앞에서 바쁘다. 손가락 하나를 폈다가 다시 세 개로 바꾼다. 투수는 2루의 주자가 보지 못하게 어깨에 대고 몇 번째 사인이 진짜 사인인지 알리는 사인을 보낸다.

풋내기 포수에게 노련한 투수는 자꾸 고개를 가로젓는다. '여기서 직구를 던지라고? 장난하는 거야? 이때는 바깥쪽으로 크게 빠지는 커브가 제격이야!' 포수는 답답하다. '선배님, 이건 제 사인이 아니라 감독님께서 내려 보낸 사인이란 말이에요!'

그들은 서로 신호를 조율하며 타자와의 승부를 준비한다. 타자는 어깨에 배트를 걸치고 3루 코치를 물끄러미 바라본다. 새벽 수산물시장 경매에 참석한 듯 코치의 손은 바쁘다. 모자 창을 잡더니 코를 만지고 어깨에서 팔로, 다시 모자를 만진다. 두 번째 사인이 진짜 사인이다.

모자 창을 만진다는 것은 번트를 대라는 것이다. 완벽한 희생번트를 요구하는 것이다. 타자는 아쉬움에 고개를 살짝 저어본다. '여기서 희생번트를 하라고? 지금 투수가 땀 뻘뻘 흘리는 거 안 보여? 타점을 올릴 절호의 찬스인데!'

6회 말,
무사 1·2루,

1. 야수선택
야수가 수비 방법을 선택하다가 타자가 살아나간 경우를 말한다. 무슨 경우일까? 주자가 1루에 있고 타자가 평범한 땅볼을 쳤다. 유격수는 공을 잡아서 1루에 던지지 않고 2루에 송구했다. 그런데 이게 어인 일인가. 스타트를 미리 끊은 주자가 2루에서 살아버린 것이다. 타자도 1루에서 세이프가 되었다. 이때는 타자가 안타를 친 걸로 기록하지 않는다. 야수의 선택이 잘못된 것이다. 그래서 야수선택이라고 한다.

1스트라이크 2볼,

왼손 2번 타자,

비교적 걸음이 빠른 주자들,

점수는 3:0

　수십 개의 손이 삽시간에 움직이고, 빠르게 전달되고, 작전으로 완성된다. 실패와 성공은 결과만이 말해줄 것이다. 옳은 작전도 없고 그른 작전도 없다. 모두 잘해보려 하다가 생긴 사고, 혹은 성공이다. 그러나 야구에서 결과론은 쉽게 절대론이 되곤 한다.
　안타에 욕심을 부리던 2번 타자는 실망하는 마음에 번트를 투수 정면으로 대버리고, 투수는 3루로 송구해서 선행주자를 잡을 수도 있다. 감독의 인상이 구겨질 것이다. 물론, 투수의 잘못된 판단으로 인해 주자가 모두 세이프가 되는 야수 선택[1]이 되기도 한다. 감독은 안도의 한숨을 쉴 것이다.
　2번 타자가 번트를 착실히 잘 대었으나, 뒤이은 타자들이 삼진과 내야 뜬공으로 죽어서 실패한 작전이 될 수도 있다. 감독은 여기저기서 욕을 먹을 것이다. 물론, 번트로 진루한 타자들이 중심타선의 희생플라이와 적시타로 점수가 차곡차곡 쌓일 수도 있다. 감독은 흐뭇해할 것이다.

야구는 앞선 상황에서 최소한의 근저당만 잡아도, 거의 열댓 개의 상황이 만들어진다. 각 상황의 매뉴얼은 선수들의 몸에 각인되어 있을 것이다. 그들이 충분히 훈련된 프로선수라는 증명이다. 물론, 각인만 되어 있지, 상황에 따라 로봇처럼 완벽하게 움직인다는 보장은 없다. 번트가 파울라인 바깥으로 나가, 스트라이크가 두 개가 될 수도 있다. 이럴 때의 번트는 더욱 신중해야 한다. 스리번트 아웃이 될지도 모른다.

상황에 따른 대처는 감독의 성향마다 다르다. 어떤 감독은 그라운드의 신이 되어 선수들의 움직임 하나하나를 통제한다. 어떤 감독은 상황이 주는 의외성을 즐기기도 한다. 선수들의 임기응변이나 창의성이 경기를 살리기도 하지만, 지나친 욕심은 감독과 팬들의 분노만을 끌어낼 뿐이다. 이런 모든 행동들의 시발점이 사인이다.

신호가 엉키면 작전이 엉키고, 작전이 엉키면 결과를 받아들이기 힘들다.

신호가 잘 통하면, 그 뒤엔 겸허하게 결과론이라는 야구의 절대 규칙을 받아들이면 된다.

결과론을 향해 치닫는 과정의 치밀함.

치밀함이 만들어내는 몸의 부호.

그것을 '사인'이라고 한다.

시인들, 야구장 가다

시인들끼리 야구 보러 가기로 했다. 이뇨작용 시인, 따뜻한 도시여자 시인, 겁쟁이 시인, 나. 이렇게 네 명이서 한 차를 탔다.

공짜표로 무혈 입성하려는 욕심이 문제였을지도 모른다. 시인들끼리 가기로 한 것이 문제일지도 모른다. 자고로 시인들을 안내하고 통솔하는 것보다 닭들을 데리고 다니는 게 편하다고 했다. 암튼 우리는 야구 보러 가기로 했다.

프로야구팀은 지역사회와 끈끈한 연계가 있어야 좋다. 그리고 그것은 티켓으로 증명되곤 한다. 어느 병원에 배당된 티켓이 우리 일행에게 주어진 것은 순전히 우연이었다. 평소 팬이 많기로 유명한 동료 시인의 한 팬이 병원 관계자였고, 그 팬은 그에게 티켓 몇 장을 친절한 마음으로 전달했다. 명징하게 찍힌 날짜와 팀의 이름. 주말이었고, 인기 팀끼리의 대결이었다.

설레는 마음을 안고 약속 장소에 일찌거니 모여 수다를 떨었다. 시인들은 생각보다 수다스럽고, 특히나 나는 더 말이 많다. 주제가 야구이니 할 말은 더 많아졌다. 말에 말이 더해져서 거대한 말의 눈덩이가

1. 프리뷰

야구팬의 내공은 그의 정보력에 따라 알 수 있다. 정보력은 프리뷰에서 드러난다. 오늘 경기는 어떤 식으로 전개될지, 선발 투수에 따라 타선은 어떻게 구성될 것인지, 내공이 강한 팬은 마치 감독이나 되는 것처럼 심각한 표정으로 이야기할 수 있다. 듣는 이로서는 그의 표정이 약간 어이없기도 하겠지만, 좋아하다보면 그렇게 될 수도 있으니 이해해줘야 한다.

되는 형국이었다. 오늘 있을 경기의 프리뷰를 연신 떠들어댔다. 거기에 내 걱정, 우리 걱정, 남의 걱정이 앙상블을 이뤘다. 시간은 흘러갔다. 우리는 끝까지 여유를 부리며 근처에 있는 유명한 냉면집에 갔다. 시큼한 회냉면과 담백한 왕만두를 삼켰다. 겁쟁이 시인이 맛에 감탄하며 한턱 샀다.

따뜻한 여자 시인의 차를 타고 서울에서 인천으로 경기 시작 2시간 반 정도 전에 출발했다. 엄청난 착오였다. 서울을 빠져나갈 때는 분명 즐거운 마음이었다. 오목교 즈음에서 목동경기장을 바라보며 한국 프로야구의 미래를 이야기했다. 당장 한두 시간 뒤에 우리에게 다가올 가까운 미래는 생각지도 못한 채. 인천에 가까워지자, 벌써 바다냄새가 난다고 설레발치던 것도 나다. 바다는 고사하고 문학경기장의 뱃고동 소리라도 들으면 다행이었다. 현재는 현재로만 존재할 뿐, 우리는 시인이지 예언가가 아니니까.

문학경기장으로 가는 길은 하나로 통합된 듯했다. 지리는 잘 모르지만, 많은 차들이 그곳으로 몰려들고 있었다. 멀리서도 곡선으로 꺾어진

길에 들어찬 다양한 차들의 행렬이 보였다. 그들이 앞으로 가고 있는지 그저 제자리에 서 있는지 쉽게 분간되지 않았다. 우리는 슬슬 지쳐갔다. 경기시간은 다가오고 있었다. 추석 연휴 귀성길보다 더 답답했다. 야구장에는 맛있는 음식을 차려놓고 오매불망 손자를 기다리고 있을 할머니도 없는데! 이 차들은 무슨 부귀영화를 누리려 길바닥에서 시간을 탕진하고 있나! 아쉽게도 그중 한 대는 우리가 탄 바로 그 차였다.

좁은 길에 들어서자 경기장 귀퉁이가 보였다. 운전을 해야 하는 따뜻한 도시 여자와 자리를 옮기길 항상 주저하는 겁쟁이 시인을 남겨두고 건장한 남자 둘이 먼저 내렸다. 자리를 맡아두겠다는 말을 했지만, 사실 이뇨작용 시인은 화장실이 급했다. 한참을 걸어서 경기장 입구에 닿을 수 있었다. 경기는 시작하지도 않았는데, 빈자리는 보이지 않았다.

같은 시간, 따뜻한 여자 시인은 급한 마음에 끼어들기를 하는 다른 운전자(배 나온 아저씨였다고 한다)에게 욕을 듣고서 흥분한 나머지 함께 욕을 했다고 한다. 시인도 욕을 하냐고? 잘한다, 아주.
쌍시옷을 포함한 여러 된소리가 거칠게 그녀의 입에서 튀어나왔다.

옆자리에 있던 장롱면허 겁쟁이 시인은 갑자기 자세를 바로했다. 차는 앞으로 나가지 않았고, 곳곳에서 경적소리만 요란했다. 운전하는 사람은 왜 욕을 하게 되는가. 그들의 폭력성을 실험하기 위해 문학경기장은 존재했던가. 아니다. 그저 우리가 늦게 출발했을 뿐이다.

이뇨작용이 활발한 시인과 나는 경기장 안에서 고군분투였다. 들어올 수 있는 사람보다 많은 표가 세상으로 나간 게 틀림없었다. 매표소와 매점과 각 출입구마다 긴 줄이 있었다. 미리 받은 표로 들어간 관중석은 그 정도가 더 심했다. 어쩌다 비어 있는 자리는 미리 온 사람들의 가방이나 소지품이 사람 행세를 했다. 혹시라도 싶어 쳐다보고 있으면 들리는 목소리, 자리 있어요. 자리 있는 거 나도 안다. 자리는 있는데 사람은 아직 없지 않나. 하지만 우리는 우리말의 여러 용법을 알고 있고, 말이 통하는 사이다. 그러니까, 거기 앉지 마란 말이라는 것. 가방은 사람보다 힘이 셌다.

지정석을 예약한 사람들의 여유로운 미소를 쳐다보면서, 궁극의 부러움을 맛보았다. 포기한 표정으로 우리는 서로를 바라보았다. 그냥 가자. 전화할까? 전화를 받은 따뜻한 여자 시인은 따뜻하지 않은 목소리

로, 미치겠다고 그랬다. 아직 주차장에도 닿지 못한 그녀의 준중형 자동차가 길바닥에 연료를 툴툴 뱉어냈다.

출입구 끝에서 몇 분을 기다렸다. 비상등을 사납게 켠 그녀의 차를 본 것은 시간이 한참 더 지나서였다. 이뇨작용 시인은 담배를 몇 대 더 피웠다. 나는 괜한 미안함에 날씨가 좋다는 소리를 해댔다. 쓸데없는 소리였다.

차가 없는 도로로 가고 싶었다. 그곳에서 달리고 싶었다. 대한민국에 그런 곳은 거의 없다. 어디든 차가 있고, 신호등이 있고, 체증은 덤으로 있다. 필연적인 체증과 불필요한 여유로 인해 우리의 야구 관람은 실패했다. 욕을 뱉는 여자 시인 옆에서 자세를 바로했던 겁쟁이 시인은 배가 고프다고 했다. 적잖이 긴장했던 모양이었다.

차이나타운에 가서 맛있는 짜장면을 먹었다. 해가 저물었고, 후루룩 면을 삼키며 휴대폰으로 경기실황을 확인했다. 이기고 있군! 내가 좋아하는 선수가 홈런도 쳤다. 현장에서 봤으면 좋았을걸, 하는 마음은 쓸모가 없다. 그러나 짜장면을 가장 맛있게 먹은 시인은 바로 나였으므로, 그것으로 만족하기로 한다.

　주차를 하고 다시 차를 빼기까지, 우리는 다시 많은 시간을 허비해야 했다. 오는 길에는 피곤한 나머지 운전자를 교체하기도 했다. 나는 경차만 몰다가 처음으로 잡은 준중형 세단 운전대에서 바들바들 떨었다. 본의 아니게 방어운전을 했다. 면허가 없는 인간들은 뒤에서 쿨쿨 잘도 잔다. 그들의 코골이 소리에서 크나큰 교훈을 얻었다.

　대중교통을 이용하자.
　그것이 야구장의 진리.

그날들, 그즈음

1월 22일(2000)_ 프로야구 선수협회 창립총회가 열리다

이글스의 레전드 투수, 송진우의 별명은 '회장님'이다. 그는 한국 프로야구 선수협회의 초대 회장을 지냈다. 야구단은 대기업이 운영하고 있고 그들은 당연하게도(?) 노동자들의 단체 조직에 민감하다. 선수 노조도 아니고, 협회를 만드는 것임에도 많은 선수들이 트레이드되고, 방출되었다. 하지만 새로운 세기를 맞아 프로야구 선수들은 결국 그들의 이익과 권리를 대표할 기구를 만들어낸다. 그것이 선수협회이다. 돈을 받고 일하는 사람들은 그들의 권리가 있다. 그 권리는 임금의 많고 적음과 하등 상관이 없다. '시기상조'라 말하는 사람들 대부분이 원하는 바는 '현상유지'인 것 같다. 그리고 선수협회는 그들의 권리를 위해 더 향상된 조직으로 발전될 필요가 있다. 지금으로는 부족하다.

그즈음_ 대학합격 소식을 들은 나는, 캠퍼스에서 입고 다닐 옷을 구하기 위해, 전단지 뿌리는 아르바이트를 구했다. 여러 사정으로 인해 받기로 한 돈을 다 받지 못했다. 시간당 2천 원이 안 되는 돈이었다. 그것도 주지 않으려 사장은 여러 가지로 노력했다. 버려진 전단지처럼 더러웠다.

2월 27일 (1985) _ 프로야구 최초, 해외 전지훈련을 떠나다

  1984년 우승에 실패한 라이온즈는 이를 악물었다. 우승을 해야만 하는 선수 구성이었다. 그러나 그들은 최동원을 공략하지 못하고 쓰라린 역전패를 당한다. 이듬해 2월 국내 최초로 해외 전지훈련을 감행한다. 장소는 미국 플로리다의 다저스 캠프. 엄혹한 훈련을 각오하고 태평양을 건넜건만, 현실은 달랐다. 현지 채용한 미국 코치진은 한국식으로 훈련을 시키지 않았던 것. 오전 10시에 시작한 훈련은 오후 3시를 넘기지 않아 끝났다고 한다. 이상했다. 미국 물 먹어본 것으로 만족해야 하나? 그들은 18일의 일정을 마치고 한국으로 돌아온다. 그들이 배운 건, 기본기를 바탕으로 한 즐거운 야구였다. 그때나 지금이나 그것이 문제다.

  그즈음_ 5살이던 나는 천자문은커녕 한글도 제대로 못 뗀 보통 아이였다. 엄지손가락을 입에 넣고 쭈글쭈글해질 때까지 빠는 버릇이 있었다. 할머니가 지나가는 경찰이 잡아간다고 겁을 줄 때만, 엄지는 입 밖으로 빠져나왔다.

3월 14일(2008) _ 동대문야구장 철거되다

1925년 이 땅 최초의 야구장이 만들어졌다. 광복 이후 재개장된 동대문야구장은 프로 출범 이전까지 한국야구의 성지였다. 야구를 보려면 누구나 동대문에 가야 했다. 야구장에 모인 사람들이 어깨동무를 하고 모교를 목 놓아 부르는 장면 자체가 하나의 훌륭한 디자인이었다. 프로야구 첫 시즌 개막전도 이곳에서 열렸다. 첫 시즌 올스타전도 물론 동대문에서 치렀다. 과거야 어찌되었든 이제 그곳은 발파되고 철거되었으며 반대하는 목소리는 흘러 없어지거나 사라졌다. 그곳 지하철 역 이름은 '동대문역사문화공원역'이다. 무엇이 역사고, 무엇이 문화인가. 그리고 무엇이 디자인인가. 역의 이름만으로는 관철되지 않는 뭔가를 우리는 잊고 있지 않은가.

그즈음_ 촛불을 든 사람들이 거대한 물고기의 빛나는 지느러미처럼 자유롭게 움직였다. 촛불을 들고 노래를 부르고 행진을 하면 세상은 조금이라도 나아질 것 같았다. 나아지고 있는가? 의문은 언제나 현재진행형이다.

4월 18일(2000) _ 임수혁, 그라운드에 쓰러지다

돌아오지 못한 2루 주자가 있다. 그가 쓰러졌을 때, 그라운드의 모두는 당황했다. 걱정했다. 그밖에 할 수 있는 일은 거의 없었다. 의사는 아주 멀리에 있었고, 뇌에 산소가 제대로 공급되지 않은 채로 그는 한참을 그저 누워 있었다. 그때 만약 가까운 곳에 의사가 있었다면, 누가 그의 심장을 마사지해주었다면, 인공호흡을 해주었다면, 2루 주자는 홈으로 돌아올 수 있었을까. 한 사람이 식물인간이 되고, 몇 차례의 소송을 겪고 나서야 야구장에 몇 가지 변화가 생겼다. 이제는 구급차와 의사가 선수들 가까이에 있다. 고 임수혁 선수의 명복을 빈다.

그즈음_ 대학 새내기의 자유를 흠뻑 즐기며 거의 집에 들어가지 않고 학교 전체를 점거하며 지냈다. 시를 썼으나 보여줄 사람이 없었다. 그 핑계로 본격적으로 놀았다. 아무런 생각이 없는 스무 살이라니, 사실 난 '생각 없음의 생각'을 하고 있었다.

니, 수년이 지난 후에 생길 후회 따위 안중에도 없었다

5월 1일(1985) _ 삼미, 청보에게 팀을 매각하다

인천은 우리나라에 야구가 처음 들어온 도시이면서 동시에 가장 약한 야구팀을 오랫동안 보유했던 곳이기도 하다. 그 팀은 창단 첫해 꼴찌를 했다. 그들은 최저승률(0.188)을 기록했다. 최다연패(18연패) 기록도 그들의 것이다. 망해가는 회사의 젊은 오너는 빌딩을 팔고도 멀쩡했으나, 팀을 팔고 많이 울었다고 한다. 팀은 헐값에 간판을 바꿔달았다. 그날 인천야구는 삼미에서 청보로 바뀌었지만, 둘 모두 지금은 세상에 없는 회사. 하지만 여전히 인천에는 야구가 있다. 역사가 그들을 위로할 것이다.

그즈음_ 1년 전에 태어난 동생은 할머니의 등에 업히고 나는 그 옆에 쪼그리고 앉아 시간을 보냈다. 할머니는 공사장 인부들의 밥을 하며 갓난아이와 천둥벌거숭이를 돌보았다. 맘껏 뛰었고, 맘껏 웃었고, 맘껏 살았다. 5살이니까.

6월 8일(1998) _ 김응룡, 최초로 1000승 고지를 밟은 감독이 되다

그의 역사는 타이거즈의 역사다. 1980년대를 주름잡고, 90년대까지 접수한 팀의 수장은 그렇게 1000승에 먼저 도달했다. 그의 기록은 팀을 옮기지 않고 작성했다는 점에서 더욱 주목할 만하다. 그는 타이거즈(1983~2000년)에서, 라이온즈(2000~2004년)에서 감독을 했다. 두 팀으로 한국시리즈를 총 10회 우승을 했으니, 야구계 최고의 능력자라 할 수 있다. 큰 덩치로 철제 의자에 앉아 있는 모습은 흡사 거대한 코끼리 같았다. 그러나 한번 화가 나면 코끼리는 선수고 심판이고 모두 휘어잡는 카리스마가 있었다. 한편, '야신' 김성근 감독 또한 2008년에 1000승 고지를 밟았다. 모두 일생에 일가를 이룬 대단한 어른들이다.

그즈음_ 고등학교 생활의 모든 즐거움을 문예반 생활에서 찾았다. 근처 여학교 문예반 아이들의 삐삐번호를 알아내고 그들과 연락을 주고받는 일은 참으로 시적이었다. 공중전화의 줄은 길었다. 돈 많은 아버지를 둔 한 친구가 시티폰을 처음 학교에 가지고 왔다.

7월 1일(1982)_ 첫 번째 올스타전 경기가 열리다

프로 원년 올스타전은 무려 세 경기나 열렸다. 7월 1일, 2일, 4일에 펼쳐진 올스타전에서 동군이 서군을 2:1로 이겼고, MVP는 김용희가 받았다. 김용희는 그 후로 감독과 해설자로 활동하지만 여전히 별명은 '미스터 올스타'이다. 보통 올스타전을 전후로 해서 프로야구는 전반기와 후반기로 나뉜다. 전반기의 경기수가 후반기의 그것보다 훨씬 많은 것이 함정이다. 후반기에 반전을 노린다고? 이제 리그는 3분의 1도 남지 않았다. 하지만 올스타전에는 복잡한 생각 말고 즐기자. 7월 중 하루는 야구의 축제다. 아무리 그래도 그냥 경기가 더 재미있다는 함정 또한 있다.

그즈음_ 나는 태어난 지 겨우 1년이었다. 그때 내 고향은 조용했다. 슬픔과 분노가 임계점에 다다른 상태였다고 한다. 누군가 툭, 건드리면 다들 엉엉 울거나 버럭 화를 냈을 것이다. 1980년에서 2년이 지난 광주였다.

8월 12일(1994) _ 박철순, 완봉승을 하다

박철순은 넘어지고 다시 일어서는 불사조였다. 그의 날갯짓은 애처로웠으나 그만큼 감동적이었다. 최고령 완봉승을 거둘 때 그의 나이는 38세였다. 그는 선수관리라고는 안중에도 없던 80년대에 선수생활을 했다. 허리와 아킬레스건 등 돌아가며 부상을 입었다. 포기하지 않고, 재활을 거듭했다. 보통사람은 문턱에 걸려 엄지발톱 하나만 빠져도 죽을 것 같은데, 박철순은 다치고, 고치며, 나아서, 던졌다. 이듬해 베어스는 우승을 하고, 박철순은 그야말로 실컷, 운다. 물론 그의 기록이란 몇 년 후, 철완의 후배 송진우에 의해 갱신된다. 원래 기록은 그런 것이니까.

그즈음_ 다니던 중학교는 시에서 가장 유명한 사립학교였다. 내가 원해서 입학한 건 아니다. 학교는 거스를 수 없는 운명에 대해 가르치려는 듯, 엄청나게 때려댔다. 사이코라 불리던 과학선생에게 과학실 호스로 맞은 날, 선생의 차를 집 열쇠로 그어버렸다.

9월 7일(2004) _ 병역 비리가 적발되다

검찰의 발표는 놀랄 만한 일이었다. 그렇게나 많은 선수가, 각 팀의 주축인 사내들이 꼼수를 부리며 군대를 기피했다니. 군기피자에 대한 색출이 대대적으로 이루어졌다. 연예인과 운동선수가 주요 타깃으로 보였다. 누가 군대에 가고 싶겠는가. 가고 싶어서 가는 사람 없고, 그래서 징병제다. 다 가야 하는 것이다. 어쨌든 그들은 각자 죗값을 받았다. 그들은 다시 현장으로 돌아오거나, 그저 그런 선수가 되거나, 혹은 야구를 그만두었다. 2004년에 제대했으면 지금쯤 예비군도 끝나고 민방위에 편입할 시기다. 피할 수 없다고 어찌 즐길 수가 있겠는가. 우리는 그저 견딜 뿐이다.

그즈음_ 제대했다. 세상을 다 가진 듯한 포만감이 들었다. 위병소를 빠져나오며, 뜬금없이 불량한 자세를 취했다. 나는 자유인이니까. 나는 사회인이니까. 복학한 학교는 토익과 학점, 공무원 시험과 취직 준비의 불꽃으로 활활 타오르고 있었다.

10월 22일(1986) _ 선수단 버스가 불에 타다

시작은 광주에서부터였다. 술 취한 관중이 던진 소주병이 원정팀 투수의 머리를 맞힌 것이다. 맞고 돌아온 아이들은 대구 홈경기에서 맥없이 역전패했다. 소리 높여 응원하던 이들 중 일부는 화가 많이 났다. 일부가 일을 벌이자 일부는 이미 일부가 아닌 게 되었다. 선수들은 경기장 밖으로 빠져나오지 못하고 숨어 있었다. 광주에서 온 원정팀 버스는 불탔다. 경찰이 투입되고 최루탄 냄새가 나고서야 사태는 일단락되었다. 지금도 누군가는 경기장에 뭘 자꾸 던진다. 팬끼리 싸움도 한다. 일부이지만 없어져야 할 일부다. 야구는 야구일 뿐이다. 본인의 모든 정체성과 감정을 투영하여 불태우지 말자. 재만 남을 것이다. 시대는 바뀌었다.

그즈음_ '한글'이라는 친구를 만났다. 동화책을 읽고, 길에서 간판을 읽고, 과자봉지에 적힌 글자들을 읽었다. 글을 읽으니 칭찬하는 사람이 많았다. 주위에서 천재가 난 걸로 생각했지만, 꼬마의 재주는 '국어'에 국한되어 있었다. 이는 몇 년 후, 성적을 통해 처절하게 증명되었다.

11월 30일(2006) _ 도하에서 참사가 일어나다

야구는 국가대항전과 거리가 멀다. 야구를 하는 나라 자체가 적을뿐더러, 야구에서 진정 실력자는 많게는 150경기나 되는 시즌을 치러야 나타나게 마련이다. 국가대항전을 1년간 치를 수도 없고, 플레이오프를 할 수도 없는 노릇이다. 그럴 필요도 없다. 스포츠가 내셔널리즘의 대리전을 펼칠 이유가 무엇인가. 이기면 기분 좋아하고, 지면 아쉬워하는 정도에서 멈춰야 한다. 올림픽 금메달로 세계 10위를 한다고 해서 우리가 세계에서 열 번째로 행복한 국민이 되는 건 아니다. 이날 야구 대표팀은 대만에게 지고, 이어서 일본에게도 졌다. 어쨌든 지는 것보다는 이기는 게 정신 건강에 더 이롭겠다.

그즈음_ 등단이란 걸 했다. 구석에서 몰래 혼자 쓰던 시를 세상에 발표해야 하는 날이 온 것이다. 어쨌든 세상에 태어나 마침내 '수상소감'이라는 글을 쓰고 있다는 점에서 크게 만족했다. 그리고 오랫동안 쩔쩔매며 살 것 같은 강한 예감이 들었다. 지금 그러고 있다.

12월 11일(1981) _ 프로야구 창립총회가 열리다

 1979년 12월 12일에 쿠데타로 정권을 잡은 사람들은 뭔가 께름칙했다. 1980년에는 많은 사람을 죽이기도 했다. 똑똑한 국민이라면 이런 불법 정권을 가만두지 않을 것이다. 그래서 그들은 이른바 3S 정책(Screen, Sex, Sports)을 편다. 정책의 첫 번째 가시적 성과는 프로야구의 출범이었다. 창립총회에 모인 6개 기업의 총수는 정권과 지연, 학연 등으로 얽힌 이들이 많았다. 재벌 총수의 고향을 기준으로 팀은 나뉘었으며, 어떤 팀은 3년 후 서울 입성을 조건으로 달기도 했다. 사람들은 프로야구에 열광했다. 프로야구는 성공했다. 그러나 정권은 성공하지 못했다. 1987년 6월, 전국적인 민주항쟁이 폭풍처럼 일어난다. 프로야구는 시민을 우민으로 만드는 수단이 될 수 없음이 만천하에 증명된 것이다.

 그즈음_ 한 개의 정자가 치열한 경쟁을 뚫고 난자의 품에 안겼다. 새로운 세포가 자궁 속에서 웅크린 채, 일생 가장 행복한 순간을 즐기고 있었다. 가끔 잠들기 전에 허리를 구부리고 그때의 자세를 취해본다. 기억에도 없는, 둥그런 그 시간으로, 희미하게 돌아가고 싶은, 밤.

'나'라는 팀의 인터뷰 _에필로그

경기가 끝나면 경기 MVP나 감독은
여성 아나운서와 인터뷰를 한다.
그녀는 여신으로 불린다.
그녀와 인터뷰를 나누었다.

여신_ 드디어 글이 마감됐군요. 축하합니다.
작가_(상당히 무뚝뚝하다) 감사합니다.
여신_(짧은 인사말에 살짝 당황하며) 다시 한번 축하드리고요, 지금 심정이 어떠세요?
작가_팀을 위해 최선을 다할 뿐입니다. 오랜만에 팀에 보탬이 된 것 같아 기쁩니다.
여신_(놀라서 묻는다) 팀이라뇨?
작가_제 안에 제가 얼마나 많은지, 밖에서 볼 때는 몰라요. 선수 출신 아니면 알기 힘들죠. 백수인 나와, 시를 가르치는 나와, 시를 쓰는 나와 늦잠으로 게으름을 부리는 나와, 반성하고 괴로워하는 내가 각기 협력하면서 '나'라는 팀을 구성하고 있습니다.

여신_(눈웃음 지으며) 팀원들은 뭐라고 축하해주던가요?

작가_평생 운동만 해온 탓에 다들 별로 친절하질 못해요. 제 안의 팀원에게서 축하하네, 고맙네, 미안하네, 같은 간지러운 소리는 한 번도 듣지 못했습니다. 그런데, 눈이 예쁘시네요.

여신_(무표정으로 확 바뀐다) 지금 팀 분위기는 어떤가요?

작가_(어깨를 으쓱하며) 어떤 상대를 만나도 다 질 것 같은 분위기입니다. 역전패 할 수 있다는 믿음이 선수 간에 있습니다. 상대팀에게 행복을 전할 수 있는 우주의 기운이 우리를 휘감고 있어요.

여신_그럼 팀워크에 문제가 생기는 것 아닌가요?

작가_아닙니다. 우리는 화기애애합니다. 최대한 분열하고 싸우고 우당탕탕 난리를 치는 것, 그것이 팀워크의 비결입니다.

여신_상당히 독특한 방법이군요.

작가_일단 시집이랑 소설책을 꾸준하게 읽고요, 밑줄도 긋고, 맘에 드는 구절은 수첩에 메모도 하고, 그러다가 이런 게 다 무슨 소용이냐 회의감을 느끼면서 찢어버리기도 하고, 텔레비전을 멍하게 쳐다보기도 합니다. 철학책이나 역사책을 읽고 뉴스도 봅니다. 그러다가 포털사이트 뉴스 댓글을 보며 시시덕거리고, 화도 내죠. 그리고 다시 책을 들여다보는 식입니다. 사람들 만나서 커피나 맥주를 마시며 담배연기를 충분히 들이마십니다. 새벽 늦게까지 자리를 지키면 누군가는 싸우게 마련인데, 그게 저이기도 하고요. 하는 것도, 구경하는 것도 좋은 훈련법입니다. 노하우를 익힐 수 있거든요. 그리고 집으로 돌아가는 길에 골목길에 토악질도 해봅니다. 복습은 언제나 좋은 훈련이죠. 새벽에 잠들고 오후에 일어납니다. 일어날까 더 잘까 다투는 예민한 마인드가, 꽤나 프로답습니다. 훈련을 열심히 할수록, 떠오르는 해가 부끄러워 견딜 수가 없거든요. 그러면, 어느덧 사람들은 야구를 보고 있더군요. 야구를 볼까 글을 쓸까 늘 최선을 다해 고민한답니다. 나와 내 팀원은 모두, 프로니까요.

  여신_그렇군요. 그런데 하필, 야구에 대한 글을 쓰게 된 이유는 뭔가요?

  작가_야구가 다른 운동에 비해 특별히 더 재밌고 의미 있는 스포츠여서는 아닙니다. 야구는 멈춰 있는 시간이 많잖아요? 쓸데없는 생각을 하기에 적격이죠. 요즘엔 쓸모 있는 건 모두 영상물로 나오고 있어요.

텔레비전이나 모니터에 등장하지 않으면……(잠시 호흡을 가다듬는다) 심지어 야설마저 모두 야동으로 대체되고 있단 말입니다! 쓸데없는 모든 것들은 지구에서 가장 가치 있는 '나무'를 베어내며 존재합니다. 그게 책이죠. 하지만 (열을 올리며) 쓸데없다고 존재할 권리까지 없는 걸까요?

여신_(당황한다) 아, 아뇨. 그렇진 않죠. (옷맵시를 가다듬고 헛기침을 한다) 흠, 흠. 초반 경기내용을 보면, 유년시절의 추억이 많이 등장해요. 작전이었나요?

작가_공부를 많이 못해서 그랬습니다. 가진 정보가 '저' 밖에 없으니까요. 내 안의 여러 선수들이 나 원 참, 하며 혀를 끌끌 찼습니다. 하지만 감독은 저니까, 그들은 하라면 하고, 까라면 까는 겁니다. 그걸 작전수행능력이라고 하지요. 작전에 대해 자세히 말씀드리죠. 어차피 내일 게임도 없으니까. 대머리 군인이 체육관에서 손을 흔들며 대통령이 될 무렵, 세상에 나온 아이들은 프로야구와 함께 컸습니다. 스포츠 세대라고나 할까요. 프로야구도 이제 삼십대가 되었고, 저 역시 안타깝게도 그래요. 우리랑 야구는 고추 내놓고 코 흘리며 같이 뛰놀던 사이라 이

Epilogue

거죠. 그러니 소싯적 이야기 안 하게 생겼습니까? 필연적인 작전이었습니다.

여신_사람들이 이 책을 좋아할 것 같나요?

작가_(굳은 표정으로) 야구는 좋아들 하던데, 책까지 좋아할지 사실 잘 모르겠습니다. 하지만 기다려야죠. 지금 팀이 위기니까요. 최선을 다할 뿐입니다. 팬 여러분도 인내심을 갖고 기다려주세요. 내려갈 책은 내려간다는 말이 있지만.

여신_팀이 위기라고 말씀하시는데, 위기 진단을 좀 해주세요.

작가_2000년대, 이곳에서 사는 것 자체가 위기 아닙니까?

여신_(치미는 울화를 자제하고 웃으며) 그러니까, 좀 더 자세히.

작가_주축 선수들이 모두 부상입니다. 시 쓰는 선수는 마감마다 허덕거리고, 긴 글 쓰는 친구는 자기만 혹사당한다고 태업중입니다. 텔레비전 보는 선수는 요즘 볼 만한 프로그램이 없어서 2군으로 보냈습니다. 다달이 월세도 내야 하고, 공과금에, 가끔 고기도 먹어야 살지 않겠어요? 학자금 대출도 갚아야 해요. 부모님은 곧 환갑인데, 잔치는커녕 용돈이나 안 받으면 다행이죠. 청춘의 대멸종이에요. 멘털이 붕괴됐습니다. 환경오염보다 더한 위기예요. 위기. 하지만 잘 다독여서 헤쳐나가 겠습니다.

여신_마지막으로 작가님께 야구란 무엇인가요.

작가_읽어보면 대충 아실 텐데······

여신_(살짝 귀찮다는 듯이) 이렇게나 긴 걸 언제 다 읽겠어요. 바쁜 현대인들이.

작가_(근엄하게) 야구 없는 겨울, 지하철에 운 좋게 자리가 났을 때, 앉아서 스마트폰만 쳐다보지 말고, 책을 봅시다. 그것이 야구입니다.

여신_(어이가 없다) 그럼 이 책은 지하철 때문에 내신 건가요?

작가_세 시간이나 하는 야구, 날마다 하는 야구에 온 정신을 집중하고 시간을 투자하면서, 책 한 권 읽을 시간이 없습니까? (침을 튀기며) 야구, 아름다운 잉여란 말이죠. 야구는 비어 있는 시간이 게임을 지배합니다. 공이 날아다니는 시간은 엄청 짧아요. 준비해야 합니다. 준비를 얼마나 잘하는지는 티가 나지 않아요. 하지만 해야 합니다. 그러지 않으면 망해요. 우리는 보통으로 살아남기가 힘든 사람들입니다. 완전 망하거나, 덜 망하거나. 그것이 2000년대 잉여인간들의 삶이죠. 꼭 버려

지는 야구공 같지 않나요? 이왕이면 홈런 볼이 되고 싶지만, 되도록 마지막 삼진을 잡아내는 위닝 샷이 되고 싶지만, 쉽지 않아요. 홈런이나 삼진이 아닌, 그 중간에 놓인 야구공의 실밥들을 보려고 했습니다. (먼 곳을 보는 시선으로) 어쩐지 당신의 머리칼을 닮았군요.

여신_(어리둥절하다) 무슨 말씀인지 잘 모르겠지만, 일단 넘어가겠습니다. 끝으로, 앞으로 계획은요?

작가_아까 마지막이라면서요.

여신_(다시 울화를 참으며) 그래도 한 말씀 더 부탁드릴께요.

작가_계획은 팀원들을 잘 단속해서 글을 계속, 꾸준히, 잘 쓰는 겁니다. 지금 이 순간에도 여기까지만 쓰자는 녀석과 몇 가지 에피소드를 추가하자는 녀석이 자꾸 다툽니다. 이토록 더그아웃 분위기가 화목하고 좋습니다. 당신에게 질 것 같다는 예감 때문이죠. 저는 독자와 문학을 이길 수 없어요. 질 줄 알면서도 치열하게 승부하는 것이죠. 문제는 승부에 있는 게 아니라, '게임'에 있습니다. 글을 읽고 있는 당신과 내가 벌이는 게임. 앞으로 여러분들과 몇 판 더 붙었으면 좋겠습니다. 내기는 마세요. 제가 질 겁니다. 긍정적이고도 필연적인 승부조작이죠.

여신 그동안 고생 많으셨습니다. 오늘 패배 축하드립니다. 마지막으로, 응원해준 팬들에게 한마디.

작가 실재하는 인간부터 만들어진 인물까지, 메이저리그부터 선린중학교 W리그까지—제가 뛰고 있는 사회인야구 4부 리그입니다—, 내야 잔디벼룩부터 조명탑 불나방까지, 광주시 서구 화정동부터 서울시 마포구 망원동까지, 다산북스 대표님부터 편집자까지, 처음이자 마지막까지 저만의 여신인 당신까지, 사랑합니다. 고생하셨어요. 근데, 정말 이거 마지막 맞아요?

이게 다 야구 때문이다

초판 1쇄 발행 2011년 10월 31일
초판 9쇄 발행 2022년 11월 8일

지은이 서효인
펴낸이 김선식

경영총괄 김은영
콘텐츠사업6팀장 임경섭 **콘텐츠사업6팀** 박수연, 한나래, 정다움, 임고운
편집관리팀 조세현, 백설희 **저작권팀** 한승빈, 김재원, 이슬
마케팅본부장 권장규 **마케팅3팀** 권오권, 배한진
미디어홍보본부장 정명찬 **홍보팀** 안지혜, 김민정, 오수미, 송현석
뉴미디어팀 허지호, 박지수, 임유나, 홍수경, 김화정 **디자인파트** 김은지, 이소영
재무관리팀 하미선, 윤이경, 김재경, 안혜선, 이보람 **인사총무팀** 강미숙, 김혜진
제작관리팀 박상민, 최완규, 이지우, 김소영, 김진경, 양지환
물류관리팀 김형기, 김선진, 한유현, 민주홍, 전태환, 전태연, 양문현, 최창우

펴낸곳 다산북스 **출판등록** 2005년 12월 23일 제313-2005-00277호
주소 경기도 파주시 회동길 490
대표전화 02-704-1724 **팩스** 02-703-2219 **이메일** dasanbooks@dasanbooks.com
홈페이지 www.dasanbooks.com **블로그** blog.naver.com/dasan_books

ISBN 978-89-6370-692-4 (03810)

· 책값은 뒤표지에 있습니다.
· 파본은 구입하신 서점에서 교환해드립니다.
· 이 책은 저작권법에 의하여 보호를 받는 저작물이므로 무단 전재와 복제를 금합니다.